KB133729

어떻게 자유로워질 것인가?

엮은이_ **A. A. 롱**^{A. A. Long}

캘리포니아대학교 버클리 캠퍼스의 고전학 명예교수 겸 철학 교수로,
헬레니즘 철학 연구의 선두자로 꼽힌다. 현재 캘리포니아주 켄싱턴에
거주 중이며, 은퇴한 이후에도 대학원에서 고전과 철학을 가르치고 있
다.『에픽테토스: 스토아적이고 소크라테스적인 삶의 안내자<sup>Epictetus: A
Stoic and Socratic Guide to Life</sup>』,『스토아철학 연구^{Stoic Studies}』,『세네카: 윤리 서
한^{Seneca: Letters on Ethics}』(마거릿 그래버^{Margaret Graver} 공저)를 비롯해 많은 스
토아 철학서를 집필했다.

어떻게
자유로워질 것인가?

불안감에서 벗어나고 싶은
현대인을 위한 고대의 지혜

에픽테토스 | A. A. 롱 엮음 | 안규남 옮김

2

아날로그

일러두기

이 책은 에픽테토스의 *Encheiridion*과 *Discourses* 중 일부를 발췌 번역하고 설명을 덧붙인 것이다. 프린스턴대학교 출판부의 Ancient Wisdom for Modern Readers 시리즈 중 *How to Be Free: An Ancient Guide to the Stoic Life*를 우리말로 옮겼다.

서문

어떻게 자유로워질 것인가!? 이것은 감탄인가, 질문인가, 정치적 선언인가, 단순하고 소박한 삶에 대한 바람인가, 자율의 열망인가, 속박에서 해방될 수 있는 방법인가? 이 책은 자유 — 자기 삶의 주인이 되고, 세계 시민이 되고, 항상 자신이 확실히 충족할 수 있는 것만을 욕구하고, 본성에 따라 사는 것 — 를 비롯한 삶의 다양한 지혜에 대한 고대 그리스 철학자 에픽테토스Epiktētos의 견해를 소개한다. 스토아적 삶으로의 안내자인 에픽테토스(AD 55?~135?)는 노예로 태어났다(헬라어로 에픽테토스는 '획득된'이라는 뜻이다. 본명이 있었는지는 알려져 있지 않다). 그는 네로 황제 시절 로마 정계의 막후 실력자였던 에파프로디투스Epaphroditus의 집에서 노예 생활을 시작했는데, 에파프로디투스도 에픽테토스와 마찬가지로 노예였다가 자유를 얻은 인물이었다. 자유에 관한 사상을 공개적으로 펼칠 무렵에는 노예에서 해방된 지 이미 오래되었지만, 에픽테토스의 철학에는 노예 생활의 흔적이 곳곳에 남아있다. 예를 들어 스토아철학의 안내서인 『엥케이리디온Encheiridion』의 첫 번째 가르침은 다음과 같다. 정말로 우리 자신에게서 비롯된 모든 것은 **본래 자유로우며 방해받거나 강제되지 않는다.**

이에 따르면 자유는 법적 상태도, 마음대로 돌아다닐 기회도 아니다. 에픽테토스가 말하는 자유는 전적으로 자신이 욕구하고 결정하며 자신이 할 수 없는 것은 욕구하거나 결정하지 않기에 좌절이나 실패에 아무런 영향도 받지 않는 이들의 정신적 태도이다. 마르쿠스 아우렐리우스 황제(재위 AD 161~180)는 스토아 철학서인 『명상록』에서 이런 의견을 수용하고 성찰했으며, 미국의 소설가인 톰 울프Tom Wolfe도 1998년에 발표한 소설 『한 남자의 모든 것A Man in Full』에서 에픽테토스의 『대화록Discourses』을 읽고 나서 현실의 감옥과 상징적 감옥 둘 다에서 벗어나는 청년을 그렸다.

고대 그리스와 로마에서 개인의 자유를 가장 구속한 것은 에픽테토스가 실제로 겪어 알고 있던 노예제라는 비인간적인 사회 제도였다. 자유가 당시 사람들의 가슴을 벅차오르게 할 만큼 고도의 긍정적 가치를 가질 수 있었던 가장 큰 요인은 사람을 재산으로 만들어 주인의 명령대로 시중 들게 했던 노예제였다. 주인이 원하는 일과 자질구레한 집안일을 해야 했으므로 노예의 신체 활동은 엄격히 제한되었다. 하지만 노예에게도 다른 사람들처럼 마음이라는 것이 있었고, 몸과 마찬가지로 마음도 자유와 속박하에 있다. 이를테면 당신은 외적으로는 자유로울 수 있지만, 내적으로는 이룰 수 없는 소망과 정념, 욕망 같은 마음 속 주인들의 지배를 받는 노예일 수 있다. 혹은 그와 반대로 당신은 외적으로는 방해를 받거나 실제로 노예 상태에 있을 수 있지만 내적으로는 좌절과 갈등에서 자유로울 수 있다. 당신은 나의 행복은 내게 달려있고 내가 나 자신에게 가져다줄 수 없는 것은 전혀 혹은 거의 필요 없다는 것을 자각할 수 있을 만큼 자유로울 수 있다. 고대의 스토아 철학자 에픽테토스가 가르침의 중심 주제로 삼은 자유는 바로 이러한 내적 자유이다.

에픽테토스를 탄생시킨 시대적 배경

2세기 초에 에픽테토스는 그리스 북서부의 중심 도시 니코폴리스Nicopolis에 젊은이들을 위한 학교를 세웠다. 이 학교의 학생 중에 아리아누스라는 명민한 청년이 있었다. 스승의 가르침에 깊은 인상을 받은 루키우스 플라비아누스 아리아누스Lucius Flavianus Arrianus는 스토아철학에 관한 에픽테토스의 강의를 거의 그대로 옮겨 적었는데, 그 결과물이 바로 여덟 권으로 된 『대화록』이다. 나아가 그는 『대화록』의 핵심적인 내용만을 골라 오늘날 『엥케이리디온』이라고 알려진 요약본을 만들었다. 본서에 실린 에픽테토스의 가르침은 『엥케이리디온』 전체와 잔존하는 네 권의 『대화록』에서 발췌한 아홉 개의 단편을 번역한 것이다. 후일 아리아누스는 로마 제국의 관료로 화려한 경력을 쌓았고 알렉산더 대왕에 관한 역사서를 비롯한 많은 책을 펴냈다. 그가 정확히 어떤 방법으로 에픽테토스의 말을 옮겼는지는 알려져 있지 않지만, 현존하는 원본(신약성서와 마찬가지로 구어체 헬라어인 코이네어로 쓰여 있다)의 내용이 아리아누스가 고쳐 쓴 것이 아니라 에픽테토스의 말인 것만은 분명해 보인다.

스토아적 삶을 소개하는 에픽테토스의 철학은 특히 『엥케이리디온』이 16세기에 최초로 편집, 인쇄된 이후 지금까지 많은 이들의 사랑을 받고 있다. 에픽테토스의 말들이 많은 언어로 번역, 중역되면서 사람들의 마음을 사로잡은 이유는 시대와 장소를 불문하고 누구나 흔히 접할 수 있는 상황들을 예리하면서도 인상적으로 다루고 있기 때문이다. 그가 치유법을 제시하고 있는 두려움, 불안, 질투, 분노, 원한, 슬픔 등의 감정은 고대 로마 제국에 살든 현대 국가에 살든 누구나 경험하는 것이다. 그렇기 때문에 이 책에서 군이 에픽테토스의 생애까지 살펴볼 필요는 없을 것 같다. 그가 생생한 필치로 전하고 있는 많은 이야기는 우리도 경험을 통해 익히 알고 있는 일들이다. 하지만 그 속에는 에픽테토스의 개인적 배경이라든가 당시의 습속도 담겨있다.

『엥케이리디온』을 읽는 독자들은 노예(『엥케이리디온』 12, 14, 26), 공중목욕탕(같은 책 4, 45), 경기장에서 벌어지는 시합(같은 책 29, 33), 점술가(같은 책 32) 등으로 이루어진 세계와 만나게 된다. 에픽테토스는 추방(같은 책 21)이라는 불운을 겪었다. 로마 제국과 속주는 대단히 조직적이고 경쟁적인 관료 체계에 의해 관리되었다(같은 책 19, 24). 후원자를 구하고 연회에 참석해 유력 인사들에게 얼굴을 알리려 시도하는 등, 지위를 차지하기 위한 치열한 다툼이 다반사였다(같은 책 19, 24, 25, 33). 에픽테토스는 독립성을 특히 중요하게 강조하는

데, 이는 아리아누스 같은 젊은 제자들이 조만간 제국의 군대나 행정 기관에서 경력을 시작하게 될 것을 염두에 두었기 때문으로 보인다. 여자들과 여성의 역할에 대한 언급(같은 책 40)에서 볼 수 있듯이, 당시의 문화는 남성 지배적이었다. 그런데도 『엥케이리디온』은 남자다움에서 완전히 자유롭다. 지금 시대와의 문화적 차이에도 불구하고, 우리 가운데 누구든 에픽테토스가 말하는 "너희"나 "우리"일 수 있다.

에픽테토스가 살던 시대의 로마 세계는 카이사르라고 불리던 황제가 지배하는 전제정치의 세계였다. 그러나 에픽테토스는 정치에 관해 거의 언급하지 않는다. 이 책에 실린 『대화록』3에서 카이사르가 한 번 언급될 뿐, 역사적 사건들을 암시하는 내용조차 찾아볼 수 없다. 『대화록』에서 에픽테토스는 로마 제국의 요구에 저항한 역사적 인물들은 간간이 거론하지만 자신이 그리스에서 가르침을 펼치던 시기의 로마 황제들에 관해서는 아무 언급도 하지 않는다. 자유는 애초부터 스토아철학의 핵심 개념이었지만 에픽테토스에게는 특별한 의미가 있었다. 그가 어렸을 때 노예 생활을 했기 때문이기도 하지만, 그의 가르침을 듣는 이들이 정치적 자유를 누릴 가능성이 전혀 없는 사람들이었기 때문이기도 하다.

스토아철학의 '자유'란

스토아철학은 기원전 4세기 말 그리스에서 생겨났다. 스토아철학의 창시자들은 지중해 동쪽에서 아테네로 온 이주민이었다. 당시의 아테네는 소크라테스 시대의 활력 넘치는 민주주의 국가가 아니라 마케도니아 왕국에 종속된 국가였다. 정치적 자율성을 잃자 아테네 철학은 윤리학에 초점을 맞추는 쪽으로 내적 전회를 겪게 되었다. 스토아학파와 에피쿠로스학파는 플라톤이나 아리스토텔레스와 달리 정치 이론에는 별 관심이 없었다. 이들 학파에 속한 철학자들의 주 관심사는 정치와 입법이 아니라 개인의 행복과 자기 수양이었다. 이러한 내적 전회는 스토아철학이 애시당초 자유와 예속을 사회적 신분의 표지가 아니라 윤리적이고 심리적인 것으로 다룬 데서 잘 드러난다. 스토아학파의 시조인 제논Zenon에 따르면, 자유는 현명한 사람만이 누릴 수 있는 특권이고 인구의 대다수를 차지하는 보통 사람들은 바보이자 노예이다.

독자들은 이러한 주장을 보면서 지적 엘리트주의와 정신적으로 노예가 될 정도로 불운한 사람들의 곤경에 대한 무관심에 충격을 받을지도 모르겠다. 그러나 이러한 제논의 주장이 노예 기반 경제하에서 노예/자유라는 이분법에 따라 사람을 평가하는 당시의 관습에 얼마나 급진적인 도전이었을지 생각해보라. 자유의 진정한 기준이 지혜라면 노예 여부를 판가름하는 주된 기준은 외적인 것에서 내적인 것으로, 신체적인 것에서 정신적인 것으로 옮겨가고 노예로부터의 해방이 아니라 철학이 자유의 원천이 된다. 이러한 단호한 원칙에 따르면 당신 몸이 당신의 뜻대로

움직이지 않아서건, 정념과 감정이 당신을 속박해서
건, 아니면 당신의 행복이 타인, 재산, 인기, 운 같은
당신 이외의 요소에 달려있다고 생각해서건 간에, 필
연적으로 방해받을 수밖에 없는 것을 바라는 한 당신
은 노예다.

「자유의 두 개념Two Concepts of Liberty」이라는 유명한 에
세이에서 아이자이어 벌린Isaiah Berlin은\강제**로부터**의
자유(타자들의 개입이 없음)라는 '소극적' 자유와 자신의
선택에 따라 **존재**하거나 **살아갈** 자유(자기 지배 혹은 자
기 결정)라는 '적극적' 자유를 구분한다. 아래 구절에
서 볼 수 있듯이, 에픽테토스에게서 이 두 개념은 서
로를 수반하는 밀접한 관계에 있다.

자신이 바라는 것을 실현하거나 자신이 바라지 않
는 것을 막을 수 있는 사람이라면 누구든 자기 삶의
주인이다. 그러므로 자유롭기를 바라는 사람은 다른
사람에게 달려있는 것은 무엇이건 바라서도 회피해

서도 안 된다. 그렇게 할 수 없다면 너는 노예일 수밖에 없다.

『엥케이리디온』14

두 번째 문장은 다음과 같이 바꿔 쓸 수 있다. '강제로부터의 자유를 바라는 사람은 자신에게 완전한 통제권이 있는 것만을 원하거나 싫어해야 한다.'

이런 선택이 우리에게 좋고 우리의 상대방에게도 좋다고 어떻게 확신할 수 있는가? 왜 십계명을 비롯해 오랫동안 이어져 온 원칙들을 따르지 않고 군이 자립적이어야 하는가? 무엇을 선택해야 하는지는 어떻게 알 수 있는가? 그 답은 제논이 자유의 핵심이라고 본 '지혜'에서 찾을 수 있다. 제논이 사용하는 헬라어 **소피아**sophia는 원래는 목수일 같은 실용적 기술부터 기하학 같은 추상적 지식까지 전문적 기술이나 지식이면 어디든 쓰일 수 있는 일상적 단어였다. 어느 경우이든 소피아는 숙련이 필요한 기술을 잘 발휘

함을 의미하는데, 제논을 비롯한 스토아 철학자들이 관심을 가졌던 기술은 삶의 기술이다. 삶의 기술은 인간 본성이나 사회적, 물리적 환경과 조화롭게 사는 법을 아는 것이다. 그러한 앎에 도달하거나 도달하려고 노력하는 것이 이성이 할 일이며, 스토아주의에 따르면 바로 그런 이성이 인간을 다른 동물들과 구별되는 존재로 만든다(『대화록』 7, 8).

스토아철학의 교사, 에픽테토스

이 책에서 에픽테토스는 지금까지 소개한 원리들을 상술하는 동시에 그러한 원리들이 일상생활의 지침으로서 어떻게 작용할 수 있는지 이야기한다. 그가 제시하는 상황은 가족이나 직업 같은 평범한 요소부터 병, 가난, 죽음 같은 감당하기 힘든 일까지 대단히 다양하다. 에픽테토스는 도덕과 관습을 엄밀하게 구분하지 않는다(『엥케이리디온』 33 참조). 그가 우리에게 요구하는 행위와 생각들은 모두 그가 던지는 다음과 같은 핵심 질문과 연결되어있다. 그 일을 하기로 결심하고 실행에 옮기는 것이 내게 달려있는가, 아니면 감정에 휘둘리지 말고 침착한 태도를 견지하면서 내가 통제할 수 없는 것에서 비롯되었다고 인정하고 받아들여야 하는가?

조금만 생각해보면 이런 양자택일의 질문은 거의 모든 상황에 적용될 수 있음을 알 수 있다. 어떤 사람이 당신을 무례하게 대한다. 그 사람의 그러한 행위는 당신의 통제 바깥에 있다. 하지만 그에 어떻게 반응할지는 전적으로 당신의 자유이다. 예기치 못한 우연한 사건은 늘 일어나게 마련이다. 사랑하는 이가 죽기도 하고, 원하는 일자리를 얻지 못하기도 하고, 병에 걸리기도 한다. 이 가운데 어떤 것도 당신이 한 일, 즉 당신의 책임이 아니다. 그런 일이 생길 때마다 스스로를 외부적인 힘의 희생자로 생각하거나 안 좋은 일을 당했거나 불운하다고 생각할 수도 있다. 하지만 이와 전혀 다르게, 당신에게 닥친 상황을 당신

의 역량과 가치를 평가하고 실현할 기회로 생각할 수
도 있다.

　에픽테토스가 말하는 자유는 오늘날 조언할 때 흔
히 쓰는 "현실을 직시해", "철 좀 들어", "네가 어떤 사
람인지 보여줘", "순리에 맡겨", "참견 말고 네 일이
나 신경 써" 같은 말과 비슷한 내용이다. 본서에 실린
번역문을 보면 이러한 문구와 흡사한 표현이 나온다.
이런 표현이 우리에게 익숙한 이유는 에픽테토스, 세
네카, 마르쿠스 아우렐리우스 등의 저술이 유럽과 미
국 문화에 처음 수용된 이래 고대 스토아철학이 서구
의 사상과 교육에 영향을 미쳤기 때문이다. 근대 들
어 '철학'과 '철학적'이라는 단어가 역경 앞에서 마음
의 평정을 유지하고 상황을 감수하는 태도를 의미하
게 된 원인은 이 고대 철학자들에게 있다. 하지만 오
늘날 이런 태도는 인기가 없다. 오늘날에는 일반적으
로 사실성, 기대, 감정 표현, 자기주장이 중시되기 때
문이다. 그러나 현대에 스토아적 삶의 태도를 실천하

는 사람들에게서 볼 수 있듯이, 그러한 태도는 시대를 넘어 오늘날에도 여전히 의미가 있다. 각종 사회적 매체, 사운드 바이트, 정당화, 분노 촉발, 관심 끌기, 자기 부과적 불안 등으로 정신없이 돌아가는 현대 세계에서는 특히 유효하다.

요즘 우리가 사용하는 "현실을 직시해" 같은 말은 원래 스토아철학에서 갖고 있던 의미를 상실했다. 원래 에픽테토스의 가르침은 어떻게 하면 자연, 심리, 인간의 가치 등에 대한 스토아적 이해에 따라 삶을 가장 잘 영위할 수 있는가에 대한 조언이었다. 에픽테토스는 격식에 구애받지 않고 일상적인 구어체를 구사한다. 그렇다고 해서 에픽테토스를 뭔가 핵심을 찌르는 듯한 알기 쉬운 격언이나 만들고 남발하는 사람으로 오해하면 안 된다. 그는 엄밀한 논증, 내적 정합성, 경험적 정당화에 근거한 정교한 철학 체계를 알기 쉬운 말로 표현한 철학자였다.

에픽테토스 철학의 열쇠 말 중 하나는 자연(헬라어

로 physis)이다. 이 말은 서로 연결되어있는 세 영역을 포괄한다. (1) 물질세계의 구조와 내용, 즉 '물리학'의 영역. (2) 정신적 능력, 성향, 잠재력과 관련된 인간 본성. (3) 인간으로서의 탁월함 및 발전적 삶과 부합하거나 부합하지 않는 가치들. 이하에서는 스토아철학이 주장하는 세 영역의 자연 개념이 어떤 것인지 그리고 그 개념들을 에픽테토스가 어떻게 사용하고 있는지 간단히 살펴볼 것이다. 이는 『엥케이리디온』과 『대화록』을 읽는 데 도움이 될 것이다.

스토아철학에서 말하는 '자연과 조화된 삶'

1. **외적 자연**: 에픽테토스는 그 이전의 스토아 철학자들과 마찬가지로 물질세계를 원인과 결과로 이루어진 철저히 결정론적인 세계로 본다. 그것은 아무런 이유 없이 우연히 일어나는 일은 하나도 없는 세계이다. 그렇기 때문에 스토아 철학자들은 일어날 수밖에 없는 자연적 사건을 두고 불평하는 것은 어리석은 일

이라고 본다. 모든 현상은 모든 것에 내재하는 이성적 행위자로서의 신(『엥케이리디온』 31, 『대화록』 1), "모든 사건을 지배하는 신법"(세네카, 『도덕 서한Moral Letter』 76.23)에 따라 필연적으로 일어난다. 순전히 인간적 견지에서는 아무런 계획이나 질서도 없어 보이고 이익과 손해라는 기준과 부합하지 않아 보이는 사건들도 사실은 신의 법칙에 따른 것이다. 에픽테토스는 외적 자연에서 기인한 일과 인간의 행위 능력(또는 의지)을 엄격히 구분한다. 인간의 행위 능력(또는 의지)이라는 내적 자연은 신이 우리에게 기회이자 책무로서 부여한 것이다(『대화록』 6, 8). 원인이 외적 자연에 있는 일은 나쁜 것이 아니라 그렇게 될 수밖에 없었던 것이다(『엥케이리디온』 27). 인간들은 외적 자연을 이해하려고 시도할 수 있고 또 그러한 이해를 바탕으로 외적 자연을 따르는 행동과 태도를 취할 수도 있지만, 외적 자연에 저항하다가 자연적 인과성 때문에 우리 힘으로는 결코 저항할 수 없는 상황에 직면하게 될 수도 있다

(『엥케이리디온』 53). 후자의 길은 비이성적이고 좌절감을 안겨주며 무의미하다. 바로 이것이 스토아 철학자가 피하려고 하는 것이다.

2. **인간 본성**: 『엥케이리디온』의 첫 절에서 에픽테토스는 인간들이 외적 자연 안에서 자유롭게 살아가는 데 필요한 정신적 능력을 제시한다. 그에게 자유는 신체, 후천적 정체성, 사회적 지위를 포함해 흔히 인간의 기본적 부분으로 여겨지는 모든 것으로부터 정신을 분리, 구획하기 위한 개념이다. 자유 개념을 이렇듯 엄격하게 사용함으로써, 에픽테토스에게 정신은 사람들이 마음만 먹으면 절대적, 무조건적으로 자유롭고 독립적이고 방해받지 않을 수 있는 유일무이한 영역이 된다. 그는 정신 — 판단, 동기, 선택, 결정 등을 포함하는 것 — 이 전적으로 "우리에게 달려 있는" 것이라고 주장한다. 우리가 자기 결정 능력에 집중하면서 이 세계가 우리의 욕구와 혐오를 통제하

기 위해 제시하는 것들을 받아들이지 않는다면, 정신이 곧 우리**이다**(『엥케이리디온』 2).

에픽테토스는 자유로운 인간의 탁월한 삶을 다양한 방식으로 표현하는데, 그중 하나가 "의지를 자연과 조화되도록 유지하는 것"이라는 표현이다(『엥케이리디온』 4). 내가 '의지'라고 번역한 헬라어 프로하이레시스prohairesis는 결정이나 선택으로 옮길 수도 있다. 프로하이레시스는 어떤 사람의 인격과 그가 어떤 상황에서 행하는 선택과 결정을 모두 포함한다. 초창기의 스토아 철학자들은 프로하이레시스를 마음의 '승인' 능력이라고 불렀다. 자신의 정신이나 의지, 승인 능력을 욕구, 판단, 승인 등 자신이 통제할 수 있는 것들에만 집중시키고 그밖에 것들에 대해서는 이성과 외적 자연에 대한 이해를 바탕으로 순응하면 자연과의 조화, 자유에 이를 수 있다는 것이다.

에픽테토스가 좋아하는 또 다른 표현은 스토아철학에서 말하는 인상 혹은 표상(헬라어로 **판타지아**phantasia)

이라는 개념을 이용한 것이다. 판타지아에서 파생된 판타지라는 말에서 연상되는 것과 달리, 인상 혹은 표상은 상상에서 비롯된 생각이 아니다. 그것은 감각을 통해 들어온 것, 의도적으로 떠올린 생각, 자신도 모르게 떠오른 생각 등 정신이 경험하는 모든 것을 가리킨다(『엥케이리디온』 1, 『대화록』 7). 인상은 명료할 수도 있고 모호할 수 있고, 참일 수도 있고 거짓일 수도 있고, 어떤 개를 보는 것처럼 단순할 수도 있고, 슈퍼맨처럼 허구일 수도 있고, 블랙홀에 대한 생각처럼 복잡할 수도 있다. 인상의 범위는 무한하지만 에픽테토스가 주로 관심을 두는 인상 혹은 표상은 우리를 잘못된 길로 이끌 수 있는 강렬한 감정들이 실려 있어 우리의 자율성과 마음의 평정을 뒤흔드는 정신적인 사건이다. 사람들은 누구나 그런 인상의 영향을 받는 경우가 있는데, 그런 경험 — 예를 들면 성적 판타지, 공황 발작, 건강과 가족에 대한 염려, 세계의 상황에 대한 불안 등 — 은 대개 자연발생적이며 우리의 직접적인 통제 밖에 있다. 에픽테토스는 가능한 한 효과적으로 살아가려면 인상들, 특히 우리를 혼란시키는 인상들을 직시해야 하고, 그런 인상들을 잘 관리, 해석해 그 의미를 이해해야 하며, 의지와 승인 능력으로 그 인상들을 통제하든가 아니면 최소한 그에 대응하는 데 익숙해져야 한다고 말한다.(『대화록』 7, 9)

3. **가치들**. 외적 자연과 인간 본성에 대한 이러한 견해에서 중요한 역할은 하는 것은 스토아 철학자들의 가치 분류이다. 스토아철학의 특징을 이해하는 데 다음 표가 도움이 될 것이다.

이 가치 분류의 핵심은 좋음과 나쁨을 외적 자연이나 외적 사건의 특성이 아니라 전적으로 인간의 정신, 인격, 행위의 특성으로 본다는 점이다(『엥케이리디온』 6). 이 견해에 따르면 좋음과 나쁨은 우리가 어떤 행위와 반응을 선택하고 결정함으로써 우리 자신에게 생기는 이익과 손해로 국한된다. 좋다와 나쁘다는

좋은 것	나쁜 것	좋지도 나쁘지도 않은 것
본질적으로 이롭다	본질적으로 해롭다	본질적으로 이롭지도 해롭지도 않다
우리에게 달려있다	우리에게 달려있다	우리에게 달려있지 않다
덕, 지혜, 행복	부덕, 무지, 불행	가난이나 부 같은 것
정신에 달려있다	정신에 달려있다	정신에 달려있지 않다
자연과의 조화	자연과의 부조화	

기본적으로 '이롭다'와 '해롭다'는 의미를 갖지만, 스토아철학은 위의 표에 나오는 기준에 따라 이로움(좋음)과 해로움(나쁨)의 범위를 제한한다.

스토아철학에 따르면 중요한 가치가 있는 것은 한쪽에게는 본질적으로 이롭고 다른 쪽에게는 본질적으로 해롭다. 좋은 것(예를 들어 지혜)은 현명한 사람에게는 언제나 무조건적으로 이롭다. 이로움은 지혜의 본질이고, 무지는 본질적으로 해롭다. 그 밖의 것들은 모두 좋지도 나쁘지도 않은 것(헬라어로 아디아포라^{adiaphora}, 『엥케이리디온』 32), 즉 본질적으로 좋고/이로운 것도 아니고 본질적으로 나쁘고/해로운 것도 아니다. 많은 것이 여기에 속하는데, 왜냐하면 머리카락의 개수라든가 어떤 콩을 선택할지 같은 문제에 좋다거나 나쁘다고 가치를 매기는 것은 무의미하기 때문이다. 하지만 스토아 철학자들은 건강이나 부처럼 사람들이 자연스럽게 좋아하는 것이나 병과 가난처럼 사람들이 자연스럽게 싫어하는 것 등을 비롯해 너무 많은 것을 좋지도 나쁘지도 않은 것의 범주에 포함시킨다.

스토아 철학자들은 좋음과 나쁨을 좋지도 나쁘지도 않음과 구분하기 위한 끝없는 논쟁에 불을 붙였다. 스토아 철학자들 모두가 자신이 무엇을 하고 있는지 알고는 있었지만, 그것을 에픽테토스만큼 잘 표현한 사람은 없었다(『엥케이리디온』 6, 19, 24, 25, 29, 31, 32). 스토아 철학자들이 제시한 언어와 개념 앞에서 우리는 다음과 같은 질문을 던지지 않을 수 없다. (1) 건강과 부처럼 흔히 좋다고 여겨지는 것들이 항상 그리고 본질적으로 우리에게 이로운가? (2) 그것들이 행복에 필수적인가? (3) 그것들은 우리에게 달려있는가? (4) 그것들은 정신에 달려있는가? (5) 그것들은 우리의 이성적 본성과 조화되는가? 스토아 철학자들의 결론처럼 이 물음에 대한 대답이 모두 명백히 '아니오'라면 흔히 좋다고 여겨지는 것들을 얻거나 흔히 나쁘다고 여겨지는 것들을 피한다 해도 행복할 수 없다. 더욱이 그와 같이 행복을 상황에 달려있는 것으로 만들면 우리는 자율과 마음의 평정을 포기하고 실패와 실망의 위험에 처하게 된다. 그와 반대로 좋음과 이익을 덕이나 지혜처럼 정신에 달려있는 것들로 국한하면 우리는 이성적 존재로서의 본성과 부합하는 행복을 누릴 수 있고 외적 자연을 비롯해 우리의 통제 바깥에 있는 모든 것에 자신을 잘 맞출 수 있다.

이런 설명만 들으면 스토아철학을 처음 접하는 사람들은 스토아철학을 인간들의 욕구를 도외시하는 탁상공론으로 생각하기 쉽다. 그러나 스토아철학은 지금까지 설명한 것보다 훨씬 더 많은 내용을 담고 있다. 첫째, 스토아 철학자들은 우리가 건강과 부에 대한 자연적 선호를 가지며 병과 가난에 대한 자연적 비선호를 가진다는 데 동의한다. 둘째, 그들은 우리가 이러한 자연적 선호와 비선호를 무시하면 이성적이고 조화로운 삶을 영위할 수 없다는 데 동의한다. 그러나 자연적 선호와 비선호는 의지라든가 행복에 대한 기대로 **꽉 차 있는** '욕구'나 '혐오'와는 분명히 구분되어야 한다(『엥케이리디온』 2). 어떤 것을 욕구하거나 혐오하는 이유는 일반적으로 그것을 정말로 중요한 문제로 생각하기 때문이다. 에픽테토스는 우리에게 건강을 '욕구'하지도 말고 건강의 획득을 행복의 전제로 삼지도 말고, 건강이 주어진다면 그저 감사히 받아들일 것을 권한다.

그렇다면 문제의 핵심은 행복의 필요충분조건이 무엇인가 하는 것이다. 스토아 철학자들의 생각처럼,

우리는 불리한 조건에서도 성공할 수 있고 유리한 조건에서도 잘 살지 못할 수 있다. 이런 견해에 따르면 성공적인 삶은 조건에 달려있는 것이 아니라 우리의 타고난 권리이자 목적인 이성적 동물로서의 인간 본성을 발휘하는 데 있다(『대화록』 8, 9). 여기서 중요한 것은 자연적으로 선호하는 것을 획득하고 자연적으로 싫어하는 것을 회피하는 행운이 아니라, 역경을 만나든 부와 번영을 만나든 "모든 일에서 이성을 결정적 원리로 삼는 것"이다(『엥케이리디온』 51).

여러분은 이런 식의 가치 분류를 수용할 것인지, 수용한다면 어느 정도까지 수용할 것인지 결정해야 한다. 내가 볼 때, 스토아 철학자들은 정신적 이익과 손해(에픽테토스의 표현을 빌리자면 "우리에게 달려있는" 것들)라는 범주를 개인의 의도나 책임의 바깥에서 기인한 일들의 가치와 분명하게 구분하는 데 크게 기여했다. 그리고 이런 구분의 결과, 우리의 의도와 감정적 반응 때문에 직접적 책임이 우리에게 있는 이익과 손해를 인식하는 것이 윤리적으로 중요해진다. 하지만 외적 사건을 행복의 조건에서 분리할 수 있고 우리의 의지와 욕구의 직접 통제하에 둘 수 있다는 가정은 논란의 여지가 있다. 오히려 행복은 대체로 외적 상황에 달려있다고 보는 것이 자연스럽고 인간적이지 않을까? 잘못을 저지르기 쉬운 우리 같은 보통 사람들에게 스토아적 생활방식이 과연 가능할까?

이쯤 되면 에픽테토스가 매우 고압적이고 까다로운 인물로 보일 것이다. 그러나 교사로서 에픽테토스의 목적은 제자들에게 평범한 삶에 대한 만족이 아니라 스토아적 목적을 향해 어떻게 **나아가야** 할지를 보여주는 것이었다(『엥케이리디온』 12, 13, 48, 51). 그는 앞에서 제시한 가치 체계에 따른 일관된 행동이 완성에 이르는 길이자 자신을 넘어서는 길임을 잘 알고 있다. 그의 주 관심은 영웅적 성취 자체가 아니라, 일상 생활에서 사람들을 힘들게 하고 사람들의 행동을 방해하는 전형적 상황 속에서 영웅적 성취에 다가가려고 노력하는 데 있다. 스토아적 결정론과 섭리 신학은 에픽테토스의 가르침을 이해하는 데 필수적인 전제가 아니다. 그러나 신을 대하는 그의 경건한 태도만큼은, 만일 그 태도를 생태계의 축복에 대한 감사의 뜻으로 본다면, 지금 시대에도 충분히 잘 어울린다. 에픽테토스가 스토아적 결정론과 섭리 신학에서 어떤 부분을 주로 활용하는지 주목하면 좋을 것이다. 이를 위해 에픽테토스의 자연철학을 서술할 때 참고한 문헌들의 목록을 책 뒤에 첨부했다.

개인의 자유와 타인에 대한 의무는 양립가능한가?

앞서 말한 좋음과 나쁨에 대한 이론으로 볼 때, 스토아 철학자들은 도덕적 판단의 고유한 대상은 어떤 사람의 의지와 의도이지 그에 따른 행위의 결과가 아니라고 본다. 그런데 『엥케이리디온』에서 에픽테토스가 말하고 있듯, 좋음과 나쁨에 관한 스토아철학 이론이 일차적으로 추구하는 것은 다른 사람이 아니라 바로 행위자 자신의 행복과 평정이다. 그렇다면 이러한 자기중심성은 타인의 필요에 대한 진지한 관심과 상충하지 않을까? 그렇다면 『엥케이리디온』과 『대화록』이 제시하는 도덕적 삶은 어떤 것인가? 자신만이 아니라 타인의 좋음도 포함하는 삶인가, 아니면 오로지 자신만을 위해 행동하는 것인가?

에픽테토스는 말한다. "해로워 보이거나 손해를 끼치는 것을 피하고 이롭거나 이익을 가져다주는 것을 좋아하고 추구하는 것이 모든 동물의 본성이다 (…) 이익이 있는 곳이 곧 숭배가 머무는 자리이기도 하다."(『엥케이리디온』 31) 이 말이 맞다면, 에픽테토스에게는 앞의 물음에 대한 훌륭한 답변이 있다. 스토아적 관점에 따르면, 윤리학은 각자의 개인적 이익이나 좋음에 대한 기본적인 관심에서 출발해야 한다. 실제로 우리는 이타주의적 본능에서 시작하지 않는다. 다른 사람들의 좋음까지 고려할 수 있으려면, 에픽테토스는 자신이 주장하는 정신적 자유가 유아론적 이익이 아니라 사회적 이익이며 매우 넓게 해석된 인간 본성에 맞게 사는 것임을 보여주어야 한다.

인내와 자제의 덕을 갖춤으로써 시기, 질투, 두려움, 분노 등의 감정에 사로잡히지 않는 것이 개인으로서의 우리에게는 큰 이익이다(『엥케이리디온』 10). 마음의 평정은 당사자에게도 좋을뿐더러, 가족, 친구, 동료에게도 이롭다. 왜냐하면 부정적 감정은 대체로 공격적이고 해로운 행위를 유발하기 때문이다. 일, 성행동, 이웃에 대한 불편 행위 등을 불문하고 행위 규범이 **위반되는** 상황에는 대개 '윤리'가 끼어든다. 그렇다면 에픽테토스가 치료법으로 제시하는 자유는 해를 끼치지 말라는 도덕적 명령을 충실히 실현하는 것으로 볼 수 있다.

에픽테토스가 말하는 자유가 단지 타인에게 해를 입히는 것을 삼가는 정도를 넘어 관심과 배려로 타인들을 대하는 것까지 포함할 수 있을까? 자유와 평정에 대한 관심이 우애나 박애로까지 발전할 수 있을까? 전통적으로 스토아 철학자들은 인간의 자기 유지 본능은 가족생활에서 지역 공동체와 그 이상까지 확장되는 강력한 사회적 본능과 연결되어 있다고 주장했다. 본서에 실린 글에서 에픽테토스는 이 원리를 명시적으로 언급하지는 않는다. 하지만 그가 그 원리를 받아들이고 있음을 보여주는 대목은 많다. 그는 고결한 인격을 잃지만 않는다면 친구들과 조국을 돕는 데 관심을 가져도 된다고 본다(『엥케이리디온』 24, 32). 또한 우리가 가정생활에서 해야 할 올바른 '역할'에 대해 이야기하고 보상과 상관없이 해야 할 일을 강조한다(『엥케이리디온』 17, 24, 30, 32, 43). 그러면서도 그는 오이디푸스의 아들들끼리 서로 죽고 죽인 싸움을 예로 들어 우리를 무기력하게 만드는 감정으로부터의 자유의 중요성을 역설한다(『엥케이리디온』 31, 『대화록』 5).

아내와 자녀들의 **죽음을 각오하라** memento mori는 그의 경고는, 그가 살던 시대의 영아 사망률과 조기 사망을 생각나게 할 만큼 어둡고 음울하게 들린다(『엥케이리디온』 3, 7, 11, 14). 그러나 그 말은 무감각을 보여주는 것이 아니라 사랑하는 사람들이 있는 한 그들을 돌보라는 가장 강력한 권유이다. 그가 말하고자 하는 핵심인 부정적 감정으로부터의 자유는 우리에게 주어지는 활동 범위라든가 우리가 할 수 있는 일과 관련해서 윤리적으로 매우 중요하다. 네로 황제 시대에 세네카는 다음과 같은 인상적인 말을 남겼다. "자유는 우리가 얻고자 하는 귀중한 가치이다. 자유는 뭔가의 노예가 되지 않는 것 — 충동이나 우연한 사건의 노예가 되지 않는 것 —, 운이 우리와 평평한 경기장에서 만나도록 하는 것이다"(『도덕 서한』 51.9).

에픽테토스가 말하는 자유의지란?

앞서 말했듯이 에픽테토스 철학의 핵심 단어인 프로하이레시스는 이 책에서는 '의지'로 옮겼지만 '선택'이나 '결정'으로 옮길 수도 있다. 에픽테토스는 선택이나 결정은 "우리에게 달려있는" 것이기 때문에

"본래 자유롭다"고 말한다(『엥케이리디온』 1). 그렇다면 에픽테토스는 자유의지에 대한 나름의 생각을 갖고 있었다고 볼 수 있다. 하지만 그가 '의지의 자유'를 믿었다고까지 말할 수 있을까? 의지의 자유는 애매모호하기로 악명이 높다. 이는 때로 어떤 사람이 동일한 상황에서 그가 실제로 내린 결정 말고 다른 행동을 선택할 수도 있었다는 것, 전혀 다른 미래에 대한 선택권이 그에게 있을 수 있었다는 의미로 해석된다. 이런 의미의 자유는 비결정론적 자유라고 할 수 있다.

하지만 에픽테토스가 생각한 자유는 결코 그런 것이 아니다. 자율에 대한 열렬한 옹호(『대화록』 9) 때문에 그가 자유의 정신적 영역에 아무런 한계도 두지 않은 것처럼 보일 수 있지만 이는 지나친 생각이다. 과거의 스토아 철학자들처럼 에픽테토스도 '운명'의 존재를 인정했다(『엥케이리디온』 53). 이때 운명이란 우리의 행위를 포함해 그 어떤 것도 예정된 원인 없이 일어나지 않는다는 의미이다. 신의 눈으로 보면 사람들의 특정한 선택이나 결정을 비롯해 모든 사람의 삶의 여정은 미리 정해져 있다. 에픽테토스의 관심은 우리 결정의 역사와 가능성(우리는 그때의 우리와는 다른 사람이 될 수도 있었다)이 아니라, 우리가 실제의 선택과 소망을 통해 무엇을 추구하고 '승인' 능력을 어떻게 발휘하는지에 있다(『대화록』 4, 6). "자유롭기를 바라는 사람은 다른 사람에게 달려있는 것은 무엇이건 바라서도 회피해서도 안 된다"(『엥케이리디온』 14).

물론 우리 대부분은 훨씬 과도한 욕망을 갖고 있다. 우리는 운과 실현 불가능한 목표에 자신을 내맡기는 우를 범한다. 에픽테토스에 따르면, 그 결과로 사람들은 타고난 최고의 잠재력인 자유의지를 자주 상실하게 된다. 이렇듯 자신에게 달리지 않은 것은 아무것도 원하지 않는 것이 자유라는 해석을 따를 경우, 의지의 자유는 누구에게나 있는 것이 아니라 엄청난 노력을 통해서만 도달할 수 있는 철학적 성취이다. 그것은 자신의 힘이 미칠 수 없는 것은 아무것도 원하지 않기 때문에 본질적으로 좌절과 실망**에서 벗어나**free from 원하는 것은 무엇이든 **마음껏 할 수**free to do 있는 정신 상태와 인격을 기초로 한다.

번역에 대하여

나의 목표는 고대 헬라어와 현대 영어 사이의 거리를 최대한 좁히는 것이었다. 이 일은 어느 정도까지는 수월했다. 에픽테토스는 현대적 어법과 비슷하게 구어체와 단문을 구사한다. 그는 복문 구조를 잘 쓰지 않는데다 영어에는 그가 사용하는 어휘에 대응할 만한 일상 어휘가 대부분 있다. 각주로 정리한 용어 해설에서 볼 수 있듯이, 그는 철학에서 가져온 전문 용어도 사용한다. 이 용어에 대해서는 내가 사용한 번역어(예를 들면 프로하이레시스의 번역어인 '의지', 판타지아의 번역어인 '인상') 외에 다른 번역어도 가능하다는 점을 밝혀둔다. 어떤 번역본을 읽든 간에 독자에게 중요한 것은 단어와 단어의 일대일대응이 아니라 원본의 생각과 의도에 가장 충실한 번역이다. 이를테면 에픽테토스는 일반화를 할 때 당시의 관습에 따라 남성 단칭 대명사를 사용하기도 하는데, 그런 경우는 많지도 않고 또 특별히 남성을 지시하는 것도 아니다. 이러한 중립적 의미를 전달하기 위해, 이 책에서는 헬라어로 '그는'이나 '그에게/그를'에 해당하는 단어들을 '그들은'이나 '그들에게/그들을'로 옮겼다.

에픽테토스를 번역하면서 마주친 어려움은 어휘가 아니라 문체와 수사였다. 에픽테토스는 마치 머리에 떠오르는 대로 말하듯 간단하고 평이한 헬라어를 구사한다. 하지만 『엥케이리디온』의 어디에서든 항상 대조, 균형, 리듬, 명령형의 사용, 번호 사용, 두운 맞추기, 행간운 등을 볼 수 있다. 이런 특징을 모조리 있는 그대로 옮기기는 어렵다. 단지 독자 여러분이 에픽테토스의 정신과 만날 수 있을 정도로만 그런 특징들을 살린 번역이 되었기를 바란다.

더 읽을거리에 소개된 과거의 모든 번역본은 이 책의 번역에 큰 도움이 되었다. 이 번역본들은 모두 원본에 충실하다. 번역된 시기에 따라 문체는 다르지만 정확성에서는 거의 차이가 없다. 새로움을 위한 새로움은 번역자의 미덕이 아니기에, 이 책은 과거의 번역본들이 사용한 것과 같은 단어를 사용하기도 한다. 직접 비교해보시기 바란다. 에픽테토스를 영어로 완역한 최초의 인물은 엘리자베스 카터[Elizabeth Carter](1717~1806, Long 2002, 261 참조)이다. 그녀의 번역본은 로엡 시리즈에 들어 있는 윌리엄 올드파더[William Oldfather](1925~1928)의 번역본이 나오기 전까지 표준 번역서로 인정받았고 에브리맨[Everyman] 시리즈에 들어 있는 로빈 하드[Robin Hard] 번역본(1995)의 토대가 되었다.

I. 엥케이리디온

『엥케이리디온』에 대하여

우리가 에픽테토스의 말들을 접하는 데 결정적 역할을 한 아리아누스는 『엥케이리디온』을 가리켜 "에픽테토스의 말들 중에서 가장 시의적절하고 가장 철학적이며 영혼에 가장 큰 울림을 주는 말을 엄선한 선집"(Britain and Brennan 2002, vol. 1, p. 38)이라고 말했다. 이는 6세기에 활동한 플라톤주의 철학자이자 아리스토텔레스 철학의 주석가인 심플리쿠스Simplicius의 책에 나오는 말이다. 심플리쿠스는 『엥케이리디온』에 관한 주석서를 썼는데, 여기에서 이 책을 플라톤 철학을 설명하는 책으로 잘못 취급하고 있다. 중세 수도원 체제의 전성기에 『엥케이리디온』은 기독교인에게 맞게 각색되었다(Boter 1999). 지금까지 남아있는 『엥케이리디온』의 헬라어 필사본이 59권 가량 되는 것을 볼 때, 이 책이 쓰인 당시에 얼마나 인기가 있었는지 충분히 짐작할 수 있다.

책 제목으로 쓰인 '엥케이리디온'이라는 단어는 아리아누스가 만든 것이 아니다. 헬라어로 케이르^{cheir}는 손을 의미한다. 엥케이리디온^{encheiridion}은 말 그대로 손에 들고 다닐 만한 작은 것을 의미한다. 아리아누스 이전에 이미 에피쿠로스학파의 한 철학자는 특정 주제를 다룬 글들을 모아놓은 '손에 들고 다닐 만한' 모음집을 가리키기 위해 이 단어를 사용한 바 있다. 에픽테토스 선집 제목으로 엥케이리디온이라는 단어를 선택한 아리아누스의 의도를 생각하면 '안내서'나 '입문서'라고 번역하는 것이 적절할 수도 있지만, 나는 원래의 헬라어 제목을 그대로 살렸다. 엥케이리디온은 초창기에는 손에 쥐는 칼 혹은 단도를 가리키는 말로 쓰였다. 아리아누스는 에픽테토스의 책이 사람들이 자신을 지키는 데 도움을 준다는 점을 엥케이리디온이라는 제목으로 암시하고 싶었는지도 모른다. 이런 해석은 『엥케이리디온』의 처음과 끝 부분에서 에픽테토스의 책을 "손이 닿는 가까이에" 두라고 권하는 아리아누스의 말과 부합한다. 에픽테토스의 『엥케이리디온』을 본뜬 것이 분명한 책으로, 에라스무스Erasmus가 1501년에 펴낸 라틴어 저서 『엥키리디온 밀리티스 크리스티아니Enchiridion militis Christiani』(기독교인 병사를 위한 안내서)가 있다.

『엥케이리디온』을 구성하는 총 53개의 절은 분량으로 보면 수백 단어로 이루어진 에세이(23, 24, 29)도 있고 해야 할 것과 하지 말아야 할 것들을 길게 열거한 목록(33)도 있고 불과 두세 개의 문장으로 된 것(37, 41, 50) 등 매우 다양하다. 하나하나의 절은 각기 완결적이지만, 선집 전체로 보면 분명한 구조가 있다. **우리에게 달려있는 것과 우리에게 달려있지 않은 것**을 열거하는 첫 대목은 분명히 도입적이고 설명적인 성격을 띠고 있다. 조언을 담고 있는 인용문으로 이루어진 53절은 총정리에 해당한다. 중간쯤에 해당하는 22절부터는 자유와 평정에 이르는 것에 관한 일반적 조언에서 철학자 지망생에게 건네는 구체적 조언으로 초점이 바뀐다. 에픽테토스는 자신의 강의를 듣는 철학자 지망생을 스토아 철학자라고 부르지 않는데, 이는 그의 주된 관심이 철학 학파와의 연결에 있지 않고 제대로 된 철학자라면 누구나 몸 바쳐 지켜야 하는 생활방식 ― 엄격하고 금욕적이면서도 젠 체하지 않는 겸손한 생활방식 ― 에 있었기 때문으로 보인다. 그러나 후반부(예를 들어 36, 42, 45, 49, 52)에서는 스토아 학설과 철학 용어가 간간이 언급된다.

『대화록』(본서에서는 『대화록』의 발췌분)에는 대화 형식의 글이 많다. 물론 『엥케이리디온』의 24절이라든가 『대화록』 3.15를 그대로 가져다 쓴 『엥케이리디온』의 29절도 대화 형식을 취하고는 있다. 그러나 전체적으로 볼 때 『엥케이리디온』은 『대화록』에 비해 토론이 적고 명령이 많다("이를 명심하라", "너는 이를 해야만 할 것이다" 등등). 그렇다 해도 『엥케이리디온』의 각 절을 순서대로 읽어보면 스토아적 자연관에 입각한 자유에 관한 전제를 기초로 일관된 생활 철학이 펼쳐지고 있음을 알 수 있다. "만일 네가 이를 원하면 그 결과는 저러할 것이다"처럼 에픽테토스가 조건절을 사용해 펼치는 논증을 찾아볼 것을 독자 여러분께 권한다.

고대 그리스의 많은 책과 달리, 에픽테토스의 책은 심각한 오염이나 오탈자에서 거의 자유롭다. 내가 『엥케이리디온』을 번역할 때 원본으로 삼은 책은 셴켈Schenkl판(1916)에 기초한 로엡 클래시컬 라이브러리 Loeb Classical Library 시리즈(1925~1928) 속의 올드파더 헬라어본이다. 이 책에 실린 올드파더 헬라어본은 하버드대학 출판부의 허락을 받아 전재했음을 밝혀둔다. 그러나 몇몇 단어나 구를 번역할 때는 보터Boter 판(1999)도 참고했다. 『대화록』 발췌본은 로엡 클래시컬 라이브러리에 들어 있는 텍스트를 그대로 전재한 것이다.

1

이 세계에는 우리에게 달려있는 것도 있고 우리에게 달려있지 않은 것도 있다. 우리에게 달려있는 것은 판단, 동기[1], 욕망[2], 혐오[3] 같은 우리의 능력이다. 간단히 말해 우리에게서 비롯된 모든 것은 우리에게 달려있다. 우리에게 달려있지 않은 것은 신체, 재산, 평판, 사회적 지위 등이다. 즉 우리에게서 비롯되지 않은 모든 것은 우리에게 달려있지 않다. 우리에게 달려있는 것은 본래 자유롭고 방해받지 않으며 강제되지 않지만, 우리에게 달려있지 않은 것은 무력하

---

1 헬라어 호르메horme의 번역. 인상에 대한 승인에 따라 행위를 실행하게 하는 정신 능력을 가리킨다. '충동'으로 번역되는 경우도 많다.

2 헬라어 오렉시스orexis의 번역. 좋아 보이는 것을 획득하고자 하는 강력한 태도를 가리킨다.

3 헬라어 에크클리시스ekklisis의 번역. 나빠 보이는 것에 대한 매우 부정적인 태도를 가리킨다.

고 노예적이며 방해받고 우리의 것이 아니다. 그러니 명심하라. 본래 노예적인 것을 자유롭다고 생각하고 제 것이 아닌 것을 제 것으로 생각하면 좌절과 고통, 어려움에 직면할 것이고 신들이나 다른 사람에게서 잘못을 찾으려 들 것이다. 하지만 만일 네 것인 것만이 네 것이고 네 것이 아닌 것은 네 것이 아니라고(실제로 그렇듯이) 생각하면 누구도 너에게 압박이 되지 못할 것이고, 누구도 너를 방해하지 못할 것이고, 너는 누구도 비난하지 않을 것이고, 누구를 탓하지도 않을 것이고, 억지로 하는 일이 단 하나도 없을 것이고, 누구도 너에게 해를 끼치지 않을 것이고, 네게 해로운 일은 하나도 일어나지 않을 것이므로 네게는 적이 하나도 없을 것이다.

이런 큰 목표를 이루고자 한다면 그만큼 큰 결심이 필요함을 명심하라. 어떤 것은 완전히 버려야 하고 어떤 것은 당분간 미뤄두어야 한다. 만일 둘을 동시에 원한다면, 다시 말해 진짜로 네게 속한 것들에다

명성과 부까지 원한다면, 전자까지 원하는 바람에 후자도 얻지 못할 것이고 자유와 행복에 이르는 유일한 길인 전자는 당연히 얻지 못할 것이다.

그러니 마음을 어지럽히는 생각이나 인상印象**4**이 떠오를 때는 항상 "이렇게 보일 뿐이지 진짜가 아냐"라고 말하라. 그런 연후에 앞에 말한 원칙에 따라 그 생각이나 인상을 자세히 검토, 확인해보라. 그런 생각이나 인상이 우리에게 달려있는 것과 관련이 있는가, 아니면 우리에게 달려있지 않은 것과 관련이 있는가? 만일 그것이 우리에게 달려있지 않은 것과 관련이 있다면, 스스로에게 이렇게 말하라. "네가 신경 쓸 일이 아냐."

---

4 헬라어 판타지아phantasia의 번역. 감각 경험이든 사유이든 간에 직접 정신에 현존하는 모든 것을 가리키며 '표상'으로 번역되기도 한다. 에픽테토스는 스토아철학의 과제를 인상을 올바르게 '사용'하고 '해석'하는 법을 배우는 것으로 기술하기를 좋아한다.

2

명심하라. 욕망은 원하는 것의 획득을 추구하고 혐오는 원하지 않는 것의 회피를 추구하며, 원하는 것을 얻지 못하면 불행해지고 원치 않는 것과 만나면 비참해진다. 그러니 만일 자연을 거스르는 것[5] 가운데 네게 달려있는 것만 피할 수 있으면 원하지 않는 일은 하나도 겪지 않을 것이다. 그러나 병이나 죽음, 가난을 피하려 든다면 비참한 결과를 맞이할 것이다. 그러니 우리에게 달려있지 않은 모든 것을 피하려 들 것이 아니라 자연을 거스르는 것 중 우리에게 달려있

5　헬라어 타 파라 피진ta para physin의 번역. 스토아철학에 따르면 최선의 행복과 모순되는 것은 곧 자연을 거스르는 것이다. 이 표현은 흔히 우리가 자연적으로 피하려고 하는 신체의 병이나 가난 같은 조건을 가리킨다. 하지만 이를 피하는 것은 '우리에게 달려있지' 않다는 이유에서, 에픽테토스는 정도를 벗어난 정신 상태에 대해서만 이 용어를 사용한다. 그는 극단적인 감정이나 부도덕한 동기처럼 정도를 벗어난 정신 상태는 전적으로 '우리에게 달려있는' 인간 본성의 이성적 규범들과 반대되기 때문에 충분히 피할 수 있다고 본다.

는 것에 대해서만 회피를 추구하라. 우리에게 달려있지 않은 것에 대한 욕망은 지금 당장 버려라. 어떤 것이든 우리에게 달려있지 않은 것을 욕망한다면 너는 불행해질 수밖에 없고 우리에게 달려있는 욕망해도 좋은 것마저 얻지 못할 것이다. 오로지 원하는 것의 추구와 원하지 않는 것의 회피에 집중하되, 무리하지 말고 조건부[6]로 이러한 태도를 실행에 옮겨라.

---

6   헬라어 히펙사이레시스hypexairesis의 번역. 이성적 행위자가 미래의 불확실성에 맞춰 자신이 추구하는 것과 피하고자 하는 것을 제한하거나 '저지'하는 방식을 가리킨다.

3

명심하라. 너를 매혹시키거나 나름의 유용성이 있거나 네가 좋아하는 것이 있으면, 가장 일상적인 것에서부터 그것이 어떤 종류의 것인지를 스스로에게 말해보라. 네가 어떤 물병을 좋아한다면 "난 물병이라는 것을 좋아해"라고 말하라. 그러면 네가 좋아하는 바로 그 물병이 깨져도 괴롭지 않을 것이다. 너의 어린 자식이나 아내에게 입맞춤을 할 때는 한 인간에게 입맞춤한다고 말하라. 그러면 그들 중 누군가가 죽더라도 괴롭지 않을 것이다.

4

어떤 활동을 시작하려고 할 때는 먼저 그 활동이 어떨지를 떠올려보라. 만일 목욕하러 간다면 공중목욕탕에서 생길 일을 마음속으로 그려보라. 목욕탕에는 물을 튀기는 사람, 밀치는 사람, 무례한 말을 하는 사람, 물건을 훔치는 사람 등이 있을 수 있다. 이때 "나는 목욕을 원하지만, 동시에 내 의지[7]를 자연과 조화[8]시키는 것도 원해"라고 다짐하면 너는 목욕할 준비가 더 잘 되어있는 것이다. 어떠한 활동을 할 때든 이렇게 해보라. 그러면 너의 목욕을 방해하는 일이

---

[7] 헬라어 프로하이레시스prohairesis의 번역. 에픽테토스가 즐겨 사용하는 용어로서 인간의 자기 결정력과 정신적 성향을 가리킨다. 역자에 따라서는 선택, 목적, 의욕, 결정 등으로 옮기기도 하는데, 내 생각으로는 '의지'가 에픽테토스의 원래 의도와 가장 부합하는 표현이다.

[8] 스토아학파가 추구하는 목적으로서, 이성적 동물로서의 인간 본성과 신에 의해 예정되고 주어진 상황 둘 다와 합치되게 행동함을 의미한다.

일어나더라도 다음과 같이 말할 수 있게 될 것이다. "나는 목욕만 하고 싶었던 게 아냐. 나의 의지를 자연과 조화시키는 것도 원했어. 지금 일어난 일로 화를 내게 된다면 아예 목욕을 하지 않겠어."

5

사람들을 힘들게 하는 원인은 어떤 것 자체가 아니라 그에 대한 생각이다. 죽음은 두려운 것이 아니다(죽음이 두려운 것이라면 마땅히 소크라테스[9]도 그렇게 생각했어야 하지 않았겠는가!). 죽음이 두렵다는 생각이 두려운 것이다. 그러니 좌절하거나 힘이 들거나 고통스럽더라도 다른 사람을 탓하지 말고 자신의 생각을 탓하도록 하자. 못 배운 사람들은 일이 잘 되지 않으면 남을 탓한다. 배움 중에 있는 사람들은 자신을 탓한다. 그러나 충분히 배운 사람은 자신이건 남들이건 누구 탓도 하지 않는다.

---

9 BC 470~399. 신을 모독하고 젊은이들을 타락시켰다는 죄로 사형당한 아테네의 철학자. 에픽테토스는 소크라테스를 이상적인 인간으로 본다. 에픽테토스는 『엥케이리디온』 32에서 크세노폰Xenophon의 『소크라테스에 대한 회고록』 1, 1, 7에 나오는 일화를 언급하고 있으며, 『엥케이리디온』 46에서는 플라톤의 대화편 『프로타고라스』의 시작 부분을 언급하고 있는 것으로 추정된다.

6

자기 것이 아닌 특성은 자랑하지 말라. 만일 매력적으로 생긴 어떤 말이 "난 멋있어"라고 말한다면 이는 인정할 수 있다. 그러나 네가 "나는 멋진 말을 갖고 있어"라고 자랑한다면 그때 너는 네 것이 아니라 말이 가진 좋은 특성을 자랑하는 것이다. 그렇다면 네 것은 무엇인가? 인상을 관리하는 것이다. 그러니 인상의 관리가 자연과 조화를 이룰 때가 바로 너 자신을 자랑할 때이다. 그때 너는 너만의 좋은 것을 갖고 있을 것이기 때문이다.

7

항해하던 배가 잠시 정박한 사이 배에서 내려 물을 구하러 간다고 하자. 가는 길에 조개나 채소를 주울 수도 있겠지만, 선장[10]이 부르면 언제든 배로 돌아갈 마음의 채비가 되어있어야 한다. 양처럼 줄에 묶여 배에 실리지 않으려면 선장이 부르는 즉시 손에 든 것을 모두 내려놓아야 한다. 삶에서도 마찬가지다. 네게 있는 것이 채소와 조개가 아니라 사랑스러운 아내와 자식이라고 해도 달라질 것은 없다. 선장이 부르면 아내든 자식이든 돌아볼 것 없이 모두 내려놓고 배로 달려가라. 만일 늙었다면 선장이 부르는 소리를 놓치지 않도록 배에서 너무 멀리 떨어지지 마라.

---

10 스토아학파의 철학자들이 주장하는 세계를 주재하는 신의 비유.

8

일이 네가 바라는 대로 일어나기를 원하지 말고, 일어나게 되어있는 대로 일어나기를 바라라. 그러면 무사할 것이다.

9

병은 몸에는 장애이지만, 의지가 방해받기를 원하지 않는 한 의지에는 장애가 아니다. 절뚝거림은 다리에는 장애이지만, 의지에는 장애가 아니다. 만사에 이렇게 생각한다면 장애는 다른 것에 해당될 뿐 네게는 해당되지 않음을 깨닫게 될 것이다.

10

명심하라. 어떤 상황에서든 스스로에게 집중하면서 자신에게 이 상황에 대처할 만한 어떤 능력이 있는지 자문해보라. 외모가 뛰어난 남자나 여자를 보게 될 경우에는 자제가 적절한 능력임을 알게 될 것이다. 고통에 시달릴 경우에는 인내가 적절한 능력임을 알게 될 것이다. 무례함 때문에 괴롭다면 참을성이 적절한 능력임을 알게 될 것이다. 이를 습관으로 만들 수 있다면 첫 인상에 휘둘리지 않게 될 것이다.

11

그 무엇에 대해서건 "잃어버렸다"고 말하지 말고 "돌려주었다"고 말하라. 사랑하는 자식이 죽었는가? "돌려준 것이다." 너의 아내가 죽었는가? "돌려준 것이다." "네 땅을 빼앗겼다고?" 아니, 제자리로 돌아간 것이다. "네 땅을 빼앗은 자는 나쁜 사람이라고?" 너는 제공자[11]가 땅을 제자리로 돌려놓기 위해 이용했을 뿐인 사람한테 왜 신경을 쓰는가? 너한테 자식, 아내, 땅이 있다면 마치 여행자들이 임시 숙소를 대하듯 그들을 네 것이 아닌 것으로 대하라.

---

11 스토아 철학자들이 말하는 세계를 섭리하는 신의 비유적 표현.

12

만일 발전[12]을 원한다면, 다음과 같은 생각을 버려
라. "일을 소홀히 하면 먹고살 게 하나도 없어질 거
야." "내 노예에게 벌을 주지 않으면 그는 아무짝에도
쓸모가 없게 될 거야." 풍족하지만 근심 걱정 속에 사
느니 차라리 마음의 평정과 확신을 가진 상태에서 굶
어 죽는 편이 더 낫다. 또한 네가 불행하기보다는 너
의 노예가 쓸모없어지는 편이 더 낫다. 그러니 노예
가 기름을 엎지른다거나 포도주를 훔치는 등의 소소
한 일에서부터 다음과 같이 말하는 연습을 시작해보
라. "이건 흥분하지 않기 위해 지불해야 하는 대가, 평

---

12 헬라어 프로코페prokopē의 번역. 삶의 철학으로서의 스토아주의에 헌신하면
   서 자신의 삶을 더 낫게 만들기 위해 지혜를 향해 나아가는 것을 가리킨다.

정[13]의 대가야. 세상에 공짜는 없어." 너의 노예를 불렀을 때 대답이 없을 수도 있음을 염두에 두라. 또는 대답이 있더라도 너의 노예는 네가 원하는 그 무엇도 하지 않을 수도 있음을 염두에 두라. 어느 경우든 너의 마음의 평정이 그에게 달려있기에는 그는 너무 하찮은 존재이다.

---

13 스토아철학이 추구하는 이상적 정신 상태. 이 책에서는 헬레니즘 철학을 대표하는 두 개의 개념인 아파테이아apatheia(말 그대로 '정념에서 벗어남')와 아타락시아ataraxia(말 그대로 '동요되지 않음')를 '평정'으로 옮겼다.

13

발전을 원한다면 외적인 것과 관련해서 어리석고 바보처럼 보일까 걱정하지도 말고 잘 아는 사람처럼 보이고 싶어 하지도 마라. 설혹 사람들이 너를 대단한 존재로 생각한다고 해도 자신을 의심해보라. 너의 의지를 자연과 조화시키면서 동시에 외적인 것까지 획득하기란 쉽지 않음을 분명히 알 수 있을 것이다. 전자에 마음을 쓰면 후자에 대해서는 응당 소홀해질 수밖에 없다.

14

　무슨 일이 일어나든 너의 자식이나 아내, 친구들만은 살아남기를 바란다면 너는 어리석다. 왜냐하면 네게 달려있지 않은 것이 네게 달려있기를 바라고 네 것이 아닌 것이 네 것이기를 바라는 것이기 때문이다. 노예가 어떤 실수도 하지 않기를 바란다면 너는 어리석다. 열등함이 결함이 아니기를 바라는 것이기 때문이다. 그러나 만일 너의 욕망이 좌절되지 않기를 바란다면 그러한 바람은 네 능력으로 실현할 수 있다. 그러니 네 능력을 단련하라. 자신이 바라는 것을 실현하거나 자신이 바라지 않는 것을 막을 수 있는 사람이라면 누구든 자기 삶의 주인이다. 그러므로 자유롭기를 바라는 사람은 다른 사람에게 달려있는 것은 무엇이건 간에 바라서도 회피해서도 안 된다. 그렇게 할 수 없다면 너는 노예일 수밖에 없다.

15

언제나 연회에서 하듯이 행동해야 함을 명심하라. 먹을 것이 네 앞에 왔는가. 손을 뻗어 필요한 만큼만 집어라. 그냥 지나가는가. 멈춰 세우려 들지 마라. 아직 오지 않았는가. 너의 식욕이 앞서나가게 하지 말고, 네 몫의 음식이 올 때까지 기다려라. 만일 너의 자식, 아내, 사회적 지위, 재산에 대해서도 이렇게 행동한다면 언젠가는 신들[14]의 연회에 함께하게 될 것이다. 만일 네 앞에 있는 것을 취하지도 않고 관심도 보이지 않는다면 너는 신들과 함께 식사를 하게 될 뿐

---

14 단수로 신이라고 하거나 제우스라는 단어가 쓰일 때는 우주의 섭리를 만들고 어디에나 현존하는 존재를 가리킨다. 자연, 운명, 우주 이성(로고스)과 동일한 의미로, 뜨거운 숨(프네우마pneuma)으로 형상화되며 이성이라는 형태로 인간 속에 현존한다. 대중들이 신봉하던 다신론을 고려해 복수로 쓰일 경우에는 태양(아폴로), 대양(포세이돈), 마음(아테나), 이성(헤르메스) 같은 자연의 모습을 의미한다.

만 아니라 그들의 지배를 나눠 갖게 될 것이다. 디오게네스^{Diogenes}**15**와 헤라클레스^{Heracles}**16** 같은 사람들이 신적 존재였고 신으로 불렸던 이유는 바로 그런 식으로 행동했기 때문이다.

---

15 기원전 4세기 중반에 활동한 키니코스학파의 창시자이자 에픽테토스가 숭배하는 인물 중 한 명이다.

16 신화에서 괴물들의 살해자로 등장하는 괴력의 소유자인데, 키니코스학파와 스토아학파가 이를 받아들여 철학적 모델로 삼았다. 에픽테토스의 원고에는 헤라클레이토스라고 되어있지만, 나는 루이 앙드레 도리온^{Louis-André Dorion}의 의견을 따라 헤라클레스로 고쳐 썼다.

자식이 죽거나 재산을 잃어 슬퍼하는 사람을 보면 그가 너무나도 견디기 힘든 상황에 놓여있다는 인상에 사로잡히지 말고 다음과 같이 생각하라. "이 사람을 짓누르고 있는 것은 이 일 자체가 아니라(왜냐하면 그 사건에 짓눌리지 않는 사람들이 있으므로) 이 일에 대한 그의 생각이다." 그렇다고 위로의 말을 주저하지는 마라. 나아가 그와 함께 울어도 괜찮지만 마음까지 울지는 않도록 주의하라.

너는 연출가[17]가 만들고 싶어 하는 연극의 배우라는 사실을 명심하라. 연출가가 짧은 연극을 원하면 연극은 짧다. 그가 긴 연극을 원하면 연극은 길다. 명심하라. 너에게 거지 역이 주어지면 그 역할을 잘 해내야 한다. 절름발이나 관리 혹은 말 없는 사람 역할이 주어지더라도 그 역할을 잘 해내는 것이 너의 일이다. 하지만 역할의 선택은 네가 하는 것이 아니라 다른 사람의 몫이다.

---

17 스토아 철학자들이 말하는 우주를 섭리하는 신의 비유적 표현.

18

까마귀가 불길하게 깍깍 울면 그 인상에 휘둘리지 말고 곧바로 분별력을 발휘해 이렇게 말하라. "이는 결코 나에 대한 경고가 아니고, 나의 약한 몸이나 얼마 안 되는 재산, 보잘 것 없는 명예, 자식, 아내 같은 것들과 관련이 있을 뿐이야. 예측이 내게 이익이 되기를 바라는 한 모든 예측은 내게 이익이 돼. 어떤 결과가 나오든 거기서 이익을 보는 것은 내게 달려있으니까."

19

승리가 네게 달려있는 경쟁에만 참가하면 항상 승리할 수 있다. 너보다 먼저 명예를 얻거나 큰 권력을 갖거나 대단한 존경을 받는 사람을 보면 인상에 휩쓸리지 말고 저 사람은 행복하겠구나 하고 생각하라. 왜냐하면 좋음의 본질적 특성이 우리에게 달려있는 것에 있다면, 너는 아예 시기나 질투할 필요가 없을 것이고 법무관[18]이나 원로원 의원이나 집정관이 되는 대신 자유롭기를 바랄 것이기 때문이다. 이에 도달하는 유일한 길은 우리에게 달려있지 않은 것을 냉소하는 것이다.

---

18 로마와 속주에서 고위 행정을 맡았던 관리.

너를 화나게 하는 원인은 무례하거나 공격적인 사람들 자체가 아니라 그들이 너를 화나게 하고 있다는 너의 생각이다. 그러니 누군가가 너를 화나게 한다면 이는 너의 생각 때문이라는 사실을 알아야 한다. 그러니 인상에 휩쓸리지 않으려 노력하는 것부터 시작하라. 잠시 한숨을 돌려 스스로에게 시간을 주면 비교적 쉽게 자신을 통제할 수 있을 것이다.

21

죽음이나 추방처럼 끔찍해 보이는 것들, 특히 죽음을 날마다 네 눈앞에 놓아두어라. 그러면 시답잖은 생각이 든다거나 뭔가에 지나치게 집착하는 일이 없을 것이다.

철학을 하고 싶다면 애초부터 사람들에게 비웃음과 조롱을 당할 각오를 하라. "알고 있어? 저 친구가 철학자가 돼서 왔어!", "뭘 했기에 저 친구는 저리 잘난 척하는 얼굴을 하고 있어?" 이런 말에 신경 쓰지 말고, 신에 의해 이 자리에 있게 된 사람으로서 무엇이 최선인가에 대한 너의 생각을 고수하라. 그러면 너를 비웃던 사람들도 언젠가 너를 찬양하게 될 것이다. 그러나 너의 생각을 버린다면 너는 다시 한번 웃음거리가 될 것이다.

23

다른 사람의 비위를 맞추기 위해 그의 동의를 구하고 있다면 너는 길을 잃은 것이다. 그러지 말고 너 자신이 철학자라는 사실에 만족하라. 다른 사람들도 너를 철학자로 생각하기를 바란다면 먼저 너 스스로에게 그렇게 보이도록 하라. 그러면 다른 사람들도 너를 철학자로 생각하게 될 것이다.

24

'내 삶에 명예란 없을 것이고 나는 어딜 가나 별 볼 일 없는 사람일 것이다'라는 생각으로 자신을 괴롭히지 마라. 명예가 없는 것이 나쁘다면(실제로 그렇다), 그 책임은 그 누구도 아닌 너에게 있다. 남들은 너에게 불명예를 안겨줄 수 없다. 관직을 얻거나 연회에 초대받는 것이 정말로 너의 일이라고 생각하는가?

전혀.

그런데 관직을 얻지 못하거나 연회에 초대받지 못한다고 해서 어찌 명예가 없다고 할 수 있는가? 그리고 어찌 어딜 가나 별 볼 일 없는 사람이겠는가? 너는 네게 달려있는 것에서만 중요한 사람이면 되고, 네게 달려있는 것에서 너는 최고의 인간일 수 있다.

그러면 친구들은 너의 도움을 하나도 못 받잖아?

네가 말하는 "도움을 못 받는다"는 게 무슨 의미인가? 그들은 너한테 돈을 받지도 못하며 너는 그들을 로마 시민으로 만들지도 못한다는 뜻이다. 그런데 이런 것이 네게 달려있는 것이라고 누가 말했단 말인가? 도대체 어느 누가 자신이 갖고 있지도 않은 것을 다른 사람에게 줄 수 있단 말인가?

그러니 무슨 짓을 해서든 돈을 벌라고.

명예와 진실함과 도덕적 원칙을 지키면서 돈을 벌 수 있는 길이 있다면 내게 보여달라. 그런 길이 있다면 나는 돈을 벌겠다. 그러나 네 말이 좋지 않은 것을 손에 넣기 위해 나의 좋은[19] 것을 포기하라는 뜻이라면, 너는 정말로 불공정하고 비열하다. 너는 무엇을 갖겠는가? 돈인가 아니면 믿을 수 있는 훌륭한 친

---

19 스토아철학에서 '좋은'(헬라어로 아가토스agathos)이라는 말은 '찬미할 만한 옳은'(헬라어로 칼론kalon) 것에만 적용되며 인격과 행동이 유덕하다는 의미이다.

구인가? 내가 나의 좋은 것을 지킬 수 있게 도와달라. 그런 것들을 잃게 만드는 일을 하라고 내게 요구하지 마라.

그렇다면 국가는 나의 도움을 하나도 못 받게 될 텐데?

다시 묻건대 네가 말하는 도움이라는 것이 무엇인가? 너 때문에 나라에 주랑이나 공중목욕탕이 없어진다는 소리가 아닌가? 말이 되는 소리인가? 국가에 신발이 없는 이유가 대장장이 때문이고, 국가에 무기가 없는 이유가 구두 수선공 때문인가? 아니, 각자가 자신이 맡은 일을 하기만 하면 된다. 네가 믿을 수 있는 훌륭한 시민이 되면 그 또한 국가에 이익이 아니겠는가?

그렇다.

그렇다면 너는 공동체에 아무 쓸모도 없는 존재가

아니다.

그러면 국가 안에서 내 자리는 어디일까?

너는 어떤 자리든 가질 수 있다. 그러면서도 믿을
수 있는 훌륭한 덕성을 유지할 수 있다. 하지만 국가
에 이익을 가져다주려다 너의 덕성을 잃고 결국은 믿
을 수 없는 부도덕한 존재가 되어버린다면 네게 무슨
이익이 있는가?

25

어떤 사람이 연회나 손님을 맞이하기 위해 선 줄이나 조언을 부탁받는 순서에서 너보다 앞에 있을 경우에, 이런 일이 좋은 것인 한 너는 그가 이를 얻었다는데 기뻐해야 한다. 만일 그것이 나쁜 것이라면 얻지 못했다고 기분 나빠하지 마라. 명심하라. 남들이 하듯이 행동하지 않으면서 우리에게 달려있지 않은 것을 남들과 똑같이 얻기를 기대해서는 안 된다. 어떤 사람의 집에 자주 들르거나 그와 함께 돌아다니거나 그의 귀에 듣기 좋은 말을 하지 않으면서 그렇게 하는 사람만큼 그의 호의를 얻을 수 있겠는가? 가격을 치르지 않고 공짜로 얻으려 한다면 너는 불공정하고 탐욕스럽다.

상추 가격이 얼마인가? 은화 한 냥 정도이다. 어떤 사람이 은화 한 냥을 지불하고 상추를 손에 넣었다고 해서 네가 그보다 적게 가졌다고 생각하지 마라. 그에게는 상추가 있지만 너에게는 쓰지 않은 은화 한 냥이 있다. 지금 우리가 다루고 있는 경우도 마찬가지다. 어떤 사람의 만찬에 초대받지 못했는가? 네가 주인에게 상응하는 대가를 지불하지 않았기 때문이다. 그는 자신에게 좋은 이야기를 듣기 위해, 주목을 받기 위해 만찬을 파는 셈이다. 그러니 그것이 가치가 있다고 생각하면 값을 지불하라. 만일 그 값을 지불하지 않으면서 얻기를 바라면 너는 탐욕스럽고 어리석다. 만찬이 아니면 네가 가진 것이 없는가? 당연히 있다. 너는 아부하고 싶지 않은 사람에게 아부하지 않아도 되고 그의 문간에 몰려든 많은 사람들을 상대하지 않아도 된다.

26

우리 모두가 알고 있는 상황을 통해 자연의 목적[20]이 무엇인지 배울 수 있다. 예를 들어 어떤 노예가 주인이 사용하는 컵을 깨면 우리는 '그냥 사고였어'라고 생각한다. 그렇다면 너의 컵이 깨질 때도 다른 사람의 컵이 깨질 때처럼 생각해야 한다. 이 원칙을 더 중요한 일들에도 적용해보라. 남의 자식이나 아내가 죽으면 대개 "삶이란 게 그런 거지"라고 말한다. 하지만 자기 가족이 죽으면 "아!", "난 이제 어떡해!"라고 말한다. 같은 일이 남들에게 일어났다는 말을 들었을 때 우리가 어떻게 느꼈는지를 기억해야 한다.

---

20 어떤 상황이 개인에게 미치는 영향과 무관하게 그 상황에서 일어날 수밖에 없는 일.

빗맞히기 위해 세운 과녁이 없듯이, 세상에서 일어나는 일 가운데 본성상 나쁜[21] 것은 없다.

---

[21] 헬라어 카코스kakos의 번역. 스토아철학에서 '나쁘다'는 도덕적으로 잘못되었을 때에만 사용되며, 인격적으로 문제가 있거나 행위가 부도덕하다는 의미이다.

28

거리에 있는 누군가에게 너의 몸이 위탁된다면 너는 화를 낼 것이다. 그런데 너는 너를 욕하는 사람에게 너의 정신을 위탁해 너의 정신이 괴로움과 혼란에 시달리게 내버려 둔다. 부끄럽지 않은가?

어떤 일에서건 전건과 후건[22]을 살펴본 연후에 행동으로 나아가라. 그러지 않으면 다음 단계에 대해 전혀 생각해보지 않았기에 너의 시작은 의욕으로 충만할 것이다. 그러다 어려움에 맞닥뜨리면 그 일을 포기하게 되고 부끄러움을 느낄 것이다. 올림피아 경기에서 승리를 원하는가? 나도 그렇다. 그건 멋진 일이니까. 그렇다면 경기에 참가하기에 앞서 승리를 위한 계획을 처음부터 끝까지 철저히 점검해야 한다. 훈련을 하고, 엄격한 식단을 유지하고, 케이크나 과자를 멀리하고, 여름이든 겨울이든 날마다 정해진 훈련을 싫어도 반복해야 하며, 특별한 경우를 제외하고는

---

22 스토아학파의 논리학자들이 전건 긍정modus ponens이라는 추론 형식을 표현할 때 사용한 용어인데, 에픽테토스도 이를 이어받아 쓰고 있다. 전건 긍정은 '만일 p이면, q다'라는 형식을 취한다.

찬물이나 포도주를 마셔서도 안 된다. 다시 말해 의사에게 너를 맡기듯 너 자신을 훈련 교관에게 맡겨야 한다. 이렇게까지 하고 경기에 참가해도 다른 참가자들과 함께 구덩이를 파야[23] 하고 손목이 탈골되거나 발목이 비틀리거나 숱하게 모래를 먹거나 심하게 얻어맞기도 해야 할 것이고 그럼에도 패배를 맛볼 가능성이 매우 높다.

이런 생각을 다 하고도 여전히 경기에 참가하고 싶다면 그렇게 하라. 먼저 생각을 충분히 하지 않으면 너는 레슬링 놀이를 하다가 검투사도 되었다가 나팔수도 되었다가 연극 배우도 되는 아이처럼 행동하게 될 것이다. 육상 선수를 하다가 검투사가 되었다가 웅변가가 되었다가 철학자가 된다고 해도 전체로서

---

23 헬라어 파로루세스타이|parorussesthai의 번역. 『대화록』 3.15에도 거의 같은 표현이 나오는데, 무엇을 의미하는지는 확실하지 않다. 다만 이하의 내용으로 볼 때 경기 참가자들이 레슬링 시합을 위해 구덩이를 파는 일을 가리키는 것으로 보인다.

의 너는 아무것도 아니다. 너는 눈에 보이는 족족 마음에 들기만 하면 무엇이든 따라하는 원숭이와 같다. 너는 일에 착수하기 전에 합당한 고려나 철저한 검토를 하지 않았다. 너는 이것저것 손대기만 할 뿐 일에 마음을 바치지 않는다.

바로 이런 식이다. 사람들은 철학자를 만나서 마치 에우프라테스Euphrates **24** (어느 누구도 정말로 그처럼 말할 수 없지만)처럼 말하는 것을 듣고는 철학자가 되고 싶어 할 뿐이다. 인간들이여, 하려는 일이 어떤 것인지부터 먼저 생각해보고, 그런 다음 네가 그 일에 적합한지 잘 따져보라. 혹시 5종경기나 레슬링 경기에 참가하고 싶은가? 그렇다면 너의 팔과 넓적다리, 엉덩이를 잘 살펴봐야 한다. 사람들마다 본성상 각자에게 적합한 일이 있다. 철학을 직업으로 삼으면서 지금처럼

---

24 뛰어난 강의로 명성을 얻은 1세기 말경의 스토아 철학자. 『대화록』 전체에서 두 번 등장한다. 전해지는 원고에는 소크라테스라고 되어있지만, 오늘날의 편집자들은 에우프라테스로 고쳐 쓰는 것이 맞다고 본다.

먹고 마시고 화를 내고 짜증을 낼 수 있겠는가? 너는 잠도 참아야 하고, 정말로 열심히 일도 해야 하고, 친구나 가족과도 멀리 떨어져 지내야 하고, 어린 노예에게 멸시도 당해야 하고, 거리에서 사람들의 조롱도 당해야 하고, 군대, 관청, 법정 등 사실상 모든 곳에서 불이익도 당해야 한다. 이 모든 것을 감수하면서까지 마음의 안정, 자유, 평정을 원하는지 생각해보라. 그렇지 않다면 철학 근처에도 가지 마라. 철학자였다가 세리가 되었다가 웅변가가 되었다가 제국의 관리가 되었다가 하는 식으로 애들처럼 굴지 마라. 이 직업들은 서로 어울리지 않는다. 너는 좋은 사람이거나 나쁜 사람 중 하나여야 한다. 너는 네가 갖고 있는 자기 지배 능력[25]에 의거하거나 외적인 것에 의거해야 한다. 내적인 것과 외적인 것, 둘 중 하나에 노력을 집

---

25 헬라어 헤게모니콘ʰēgemonikon의 번역. 자기를 지배하고 자신의 행동에 정당성을 부여하는 능력인 이성을 중심으로 하는 정신 내지 인간 영혼의 주된 부분을 가리킨다.

중해야 한다. 결론적으로 말해 철학자나 보통 사람 중 한쪽을 골라야 한다.

30

적합한 행위[26]는 대체로 사회적 관계에 의해 정해 진다. 자식으로서 적합한 행위란 아버지를 돌보고, 모든 일에서 아버지의 뜻을 받들고, 아버지가 욕을 하고 폭력을 쓴다고 해도 소란을 피우지 않는 것이다.

나쁜 아버지일 경우에도?

좋은 아버지에 대해서만 자연적 친화성[27]을 갖는 다고 생각해?

아니, 내 아버지니까.

---

26 헬라어 카테콘타kathēkonta의 번역. 살아있는 것들의 특정한 본성에 부합하는 행위를 가리키는데, 여기에는 위험을 피하는 자기 본위의 행위만이 아니라 자기 새끼나 공동체 같은 타자를 보살피는 행위도 포함한다.

27 헬라어 오이케이오시스oikeiōsis의 번역. 살아있는 존재들의 자기 유지 본능과 사회적 본능을 가리키며, 스토아주의에서 윤리학의 자연주의적 토대 역할을 한다.

너의 형이 못되게 굴더라도 형은 형이라는 사실을 인정하라. 그가 그렇게 행동하는 이유는 생각하지 말고, 너의 의지를 자연과 조화시키기 위해 해야 할 일만 생각하라. 너의 동의 없이는 누구도 너에게 해를 끼칠 수 없다. 너 자신이 해를 입고 있다는 생각을 가질 때만 너는 해를 입게 될 것이다. 그러니 네가 이웃, 동료 시민, 군 지휘관 등과 맺고 있는 사회적 관계를 항상 잘 살펴보라. 그러면 네가 해야 할 적합한 행위가 무엇인지 알게 될 것이다.

31

신들에 대한 숭배에서 가장 중요한 것은 첫째, 신들이 실재하며 우주를 훌륭하고 공정하게 주재한다는 올바른 믿음을 갖는 것이고 둘째, 모든 일이 신들이 내린 최상의 결정에 의한 것임을 알고 신들에게 복종해 무슨 일이 일어나건 받아들이고 기꺼이 따르는 것이다. 그러면 너는 책임을 신들에게 돌리지도 않을 것이고 너를 그냥 내버려 두었다고 신들을 비난하지도 않을 것이다. 그런데 신들에 대한 숭배는 좋음과 나쁨을 우리에게 달려있는 것에만 적용해야 가능하다. 왜냐하면 원하는 것을 얻지 못하거나 원하지 않는 것과 마주칠 때마다 우리에게 달려있지 않은 것에 대해서 좋거나 나쁘다는 판단을 하게 되면 결국은 신들을 탓할 수밖에 없고 신들을 싫어할 수밖에 없을 것이기 때문이다.

해로워 보이거나 해를 가져오는 것을 피하고 이롭거나 이익을 가져다주는 것을 좋아하고 추구하는 것은 모든 동물의 본성이다. 해를 입고 있다고 생각하면 해 자체를 좋아할 수 없듯이 네게 해를 입힌다고 여겨지는 것 또한 좋아할 수 없다. 아무리 아버지라도 아들이 좋다고 생각하는 것을 빼앗으면 아들에게 비난받는다. 에테오클레스Eteocles와 폴리네이케스Polyneices**28**가 서로 적의를 품게 된 원인은 자신이 지배력을 독점하는 것이 좋다는 믿음이었다. 농부도, 뱃사람도, 상인도, 아내와 자식을 잃은 사람도 같은 이유로 신들을 비난한다. 이익이 있는 곳은 숭배가 머무는 자리이기도 하다. 마음이 욕망과 혐오에 쏠리면 숭배에도 똑같이 마음이 쏠린다. 하지만 순수한 마음으로 한다면, 다시 말해 별 생각 없이 기계적으로 하

---

28 오이디푸스에 의해 서로를 죽이도록 저주를 받았고 왕위를 놓고 싸운 오이디푸스 왕의 두 아들.

는 것이 아니라 부족하지도 넘치지도 않게 한다면 종
교 의식에 참가해 관습에 따라 희생 제물을 바치는
것은 적절하다.

32

명심하라. 운세를 보러 갈 때, 너는 앞일을 모른다
(그래서 점술가를 찾는 것이다). 그러나 철학자라면 그것이
어떤 종류인지 이미 알고 있다. 앞일이 우리에게 달
려있지 않은 것에 속한다면 분명 좋지도 나쁘지도 않
은 것일 테니 말이다. 그러니 너의 욕망이나 혐오를
점술가에게 투영하지 말고(그렇지 않으면 너는 불안감에 휩
싸여 점술가를 찾아갈 것이다) 모든 결과는 무차별적[29]임을
이해하라. 다시 말해 모든 결과는 네가 누구의 방해
도 받지 않고 잘 이용할 수 있는 기회라는 점을 제외
하고는 너와 아무 관계도 없다.

이 모든 것을 이해했다면 신들을 찾아가 조언을 구

---

29 헬라어 아디아포로스adiaphoros의 번역어. 그 자체로는 좋지도 나쁘지도 않지
만 이를 경험하는 사람에 의해 좋거나 나쁘게 쓰일 수 있는 것을 가리킨다.

하라. 믿음을 갖고 찾아가라. 그리하여 신탁을 얻으면 네가 누구에게 조언을 구했는지, 조언을 따르지 않으면 누구를 무시하는 것인지 명심하라. 예언을 구하려면 소크라테스처럼 하라. 소크라테스는 무슨 일이 벌어질지를 반드시 알아야 직성이 풀렸는데 이성이든 뭐로든 결코 알 수 없는 상황에 직면했을 때 옳은 길을 찾기 위해 신탁을 구했다. 그러니 친구나 조국을 위해 자신을 위험 속에 내던져야 하는 상황은 신탁을 구할 일이 아니다. 왜냐하면 징조가 불길하게 나온다고 해봐야 네가 죽거나 불구가 되거나 구금되거나 하는 범위를 벗어나지 않을 것이 분명하기 때문이다. 이성은 앞서 말한 상황에서도 친구를 돕고 조국을 위해 위험을 무릅쓰라고 명한다. 위대한 예언가인 델포이 신전의 아폴로 신[30]을 보라. 아폴로 신은 친구

---

[30] 델포이의 신전에서 신탁을 내려주는 아폴로 신을 가리킨다. 에픽테토스가 말하고자 하는 바는 위험에 처한 친구를 도우러 갈지 결정하는 데 신탁이 필요하지는 않다는 것이다.

가 죽임을 당할 때 아무 도움을 주지 않은 사람을 사
원에서 내쫓아 버렸다.

33

혼자 있을 때든 다른 사람들과 함께 있을 때든 네가 고수하고자 하는 너다운 것을 찾아 준비해두어라.

대부분 침묵을 지키고 꼭 필요한 경우에도 최소한의 말만 하라. 상황이 불가피할 경우에는 대화에 참가하되, 검투사나 말 경주나 육상 선수나 음식이나 마실 것 — 대화에서 항상 나오는 — 같은 진부한 주제의 대화에는 끼어들지 마라. 무엇보다도 다른 사람에 대한 비판, 아부, 평가의 말을 하지 마라. 할 수만 있다면 대화를 통해 친구들의 말을 적절한 방향으로 이끌어라. 그러나 모두 네가 모르는 사람들이라면 잠자코 있어라.

너무 심하게 웃지도 말고 너무 자주 웃지도 말고, 조용히 있어라.

맹세는 결단코 사절하라. 그게 불가능하더라도 어

찌 됐건 최대한 사절하라.

철학자가 아닌 사람들[31]이 여는 연회에 초대받거든 사양하라. 어쩔 수 없이 참석하게 될 경우에는 그들에게 물들지 않도록 매우 조심하라. 아무리 예의 바른 사람도 함께 있는 사람이 무작스러우면 물들기 마련이다.

음식, 마실 것, 옷, 집, 하인 등 몸과 관련 있는 것은 필요한 것만 취하고 과시나 사치를 위한 것은 모두 도려내라.

결혼 전에는 가능한 한 성교를 삼가라. 성교를 한다고 해도 사회적으로 용인될 수 없는 일은 하지 마라. 남의 성생활을 이유로 간섭하거나 비판하지 말고, 자신의 금욕을 떠벌리지 말라.

누군가가 너에 대해 안 좋은 이야기를 한다는 말을

---

31 헬라어 이디오타이idiōtai의 번역. 이디오타이는 '보통 사람들'을 말한다. 『엥케이리디온』의 다른 곳들에서는 보통 사람들로 번역했다. 하지만 에픽테토스는 이디오타이를 철학자가 아닌 사람이라는 뜻으로 사용하기도 한다.

듣거든 항변하지 말고 이렇게 말하라. "그 사람은 내 다른 잘못은 모르고 있는 것이 분명하군. 안 그러면 그것도 이야기했을 텐데 말이야."

경기장에 자주 가지 마라. 어쩔 수 없이 가게 되더라도 네가 누구를 응원하는지 남들이 알게 하지 마라. 내 말은 일어날 일이 일어나고 이길 사람이 이기기를 원해야 한다는 뜻이다. 그러면 실망하지 않을 것이다. 누구를 향해서건 소리를 지르거나 비웃는 등 지나친 몰입을 삼가라. 경기장을 벗어나서는, 너의 발전과 관련된 경험이 아닌 한 경기장에서 있었던 일에 대해 말하기를 삼가라. 안 그러면 사람들은 네가 경기 장면에 깊은 인상을 받았다고 생각할 것이다.

별 관심이나 생각 없이 공개 강좌[32]에 참석하지 마라. 꼭 가야 한다면 가되, 품위 있고 진지하게 행동하

---

32 에픽테토스의 시대에는 시인, 철학자, 웅변가들이 낭독회에서 자신들의 작품에 대해 설명하는 것이 일반적인 관행이었다.

고 다른 사람들의 기분을 거스르지 마라.

네가 어떤 사람, 특히 중요하다고 생각되는 사람을 만날 때는 소크라테스나 제논[33]이라면 이런 경우에 어떻게 했을지 자문해보라. 그러면 그 상황에 적절히 대처하는 데 전혀 어려움이 없을 것이다. 고관의 집을 방문할 때는 그를 만나기는커녕 발도 들이지 못할 것이고, 네 면전에서 문이 쾅 닫힐 것이며, 아무도 널 신경 쓰지 않을 것이라고 생각하라. 그런데도 찾아가야 한다면 이 모든 것을 감수하고 가라. "그럴 가치가 없었어"라고 말하지 않겠다고 다짐하라. 그런 말은 대수롭지 않은 일에도 화를 내는 보통 사람들이나 하는 것이다.

네가 한 일이나 네가 겪은 특이한 경험을 남들 앞에서 주절주절 늘어놓지 마라. 그에 대해 자세히 이야기하는 것이 네게는 즐거울지 몰라도, 다른 사람들

---

33 BC 300년경 아테네에 스토아학파를 세운 키프로스 출신의 철학자.

은 네게 무슨 일이 있었는지 너만큼 듣고 싶어 하지 않는다. 그리고 사람들을 웃기려 들지 마라. 이는 천박함으로 이어지기 쉽고, 이웃들이 너를 덜 좋게 생각하도록 만들기 쉽다. 외설적인 이야기 쪽으로 분위기를 끌고 가려는 사람이 있으면 주의를 주어라. 실제로 그런 일이 일어나면 적절한 때를 골라 그 일을 시작한 사람을 꾸짖어라. 만일 적절한 때를 찾을 수 없다면 침묵하고 얼굴을 붉히고 언짢은 표정을 지어 너의 불쾌함을 보여주어라.

쾌락의 인상이 마음속으로 들어오면 다른 인상과 마찬가지로, 그에 휩쓸리지 않도록 너 자신을 보호하라. 쾌락의 인상을 잠시 기다리게 한 다음 한숨 돌리고 생각할 시간을 가져라. 그리고 쾌락을 즐길 때와 나중에 자신에게 화가 나고 후회될 때를 생각해보라. 이제 그것을 네가 자제할 경우에 누릴 즐거움이나 자기만족과 비교해보라. 그래도 지금이 바로 그 일을 시작할 적절한 순간이라고 생각되거든, 그 매력과 달콤함과 유혹에 굴복하지 않도록 조심하라. 그리하여 그 싸움에서 승리했다고 생각될 때 얼마나 더 좋을지 생각해보라.

네가 해야 한다고 결정한 일을 할 때는 대부분의 사람들이 그 일을 찬성하지 않더라도 그 일을 하는 모습을 감추려 하지 마라. 물론 네가 하려는 일이 나쁜 일이라면 결코 하지 마라. 하지만 그것이 옳은 일이라면 잘못된 비판을 하는 사람들을 왜 두려워해야 하는가?

"지금은 낮이다"와 "지금은 밤이다"라는 명제로 선언 명제와 연언 명제[34]를 만들 때, 선언 명제("지금은 낮이거나 밤이다")는 타당하지만 연언 명제("지금은 낮이면서 밤이다")는 결코 타당하지 않다. 마찬가지로 만찬에서 양이 더 많은 음식을 고르면 몸에는 좋을 수 있지만, 만찬의 목적인 친목을 도모하는 데는 좋지 않다. 그러니 만찬에 초대받았을 때는 음식이 네 몸에 미치는 영향에만 주목하지 말고 초대한 주인에게 존중을 보여주는 데도 신경을 써라.

---

34 스토아학파의 논리학의 공리들이다. 에픽테토스는 논리적 타당성과 인간이 추구하는 가치를 모두 의미하는 헬라어 악시아axia를 이용해 주장을 펼치는 데 이 공리들을 이용한다.

37

능력 이상의 배역[35]을 맡는 것은 자신의 위신을 떨어뜨리는 일인 동시에 잘 해낼 수 있는 배역을 거부하는 행위이다.

---

35 연극에서 맡은 역할을 뜻하는 헬라어 프로소폰prosōpon의 번역. 에픽테토스는 가족이나 사회 내에서의 위치에 따라 행동할 때 드러나는 사람들의 정체성이나 성격을 가리킬 때 이 단어를 즐겨 쓴다.

걸을 때 못을 밟거나 발목을 삐는 일이 없게 조심
하듯, 너의 자기 지배 능력을 해치지 않도록 주의해
야 한다. 어떤 일에서건 이런 규칙을 따르기만 하면
지금 하고 있는 일을 더 안전하게 해낼 수 있다.

39

신발의 척도가 발이듯, 몸은 각자의 욕망의 적절한 척도이다. 이 원칙을 지키면 척도를 지킬 수 있지만, 이 원칙을 넘어서면 종국에는 척도를 잃게 된다. 발이 한계를 벗어나면 신발도 한계를 벗어난다. 처음에는 금박 입힌 신발이 오고, 그 다음에는 자주색으로 수놓아진 신발이 온다. 일단 척도를 넘어서면 더 이상 한계는 없어진다.

여자들은 14살부터 남자들에게 "아가씨"라고 불리기 시작한다. 그리하여 자신들이 할 수 있는 일이 남자들과 잠자리를 갖는 것뿐이라는 사실을 알게 되면서부터 외모에 모든 희망을 걸고 자신을 꾸미기 시작한다. 하지만 여자들은 기품 있고 정숙하게 보일 때 진정으로 존중받는다는 사실을 알아야 한다.

41

　대부분의 시간을 운동하고 먹고 마시고 배설하고 성교하는 등의 신체 활동에 쏟는 것은 조야한 성향의 징표이다. 이는 부차적으로만 해야 할 일이고, 너의 모든 관심은 정신에 가 있어야 한다.

사람들이 너를 홀대하거나 비난할 때는, 그들도 그 것이 적절하다고 생각해서 그렇게 행동하고 말하는 것이라는 사실을 기억하라. 그들은 **너의** 생각을 따를 수는 없고 자신들의 생각만을 따를 수 있을 뿐이다. 그러니 만일 그들의 생각이 옳지 않다면 틀린 것은 그들이므로 해를 입는 것도 그들이다. 참인 연언 명 제를 거짓이라고 생각하는 사람이 있다고 해서 그 명 제가 해를 입지는 않는다. 잘못 생각한 사람만 해를 입을 뿐이다. 이런 입장에서 생각하면, 홀대나 비난을 받을 때마다 '저들은 그렇게 생각하는군'이라며 상 대방에게 너그러워질 것이다.

43

모든 상황에는 두 개의 손잡이가 있다. 하나는 그 상황을 견딜 수 있게 해주는 손잡이고, 다른 하나는 그 상황을 견딜 수 없게 만드는 손잡이다. 형이 너를 못 살게 굴더라도 그 사실에 집착하지 마라. 그러한 집착은 그 상황을 견딜 수 없게 하는 손잡이다. 대신에 그가 너의 형이고 너와 함께 자란 소년이었다는 다른 손잡이를 잡아라. 그러면 그 상황을 움켜쥐고 견딜 만하게 만들 수 있을 것이다.

다음 추론은 타당하지 않다. "나는 너보다 부유하니까 너보다 낫다." "나는 너보다 말을 잘하니까 너보다 낫다." 다음 추론은 타당하다. "나는 너보다 부유하다. 그러므로 나의 재산이 너의 재산보다 낫다." "나는 너보다 말을 잘한다. 그러므로 내 어휘력이 너의 어휘력보다 낫다." 그런데 너는 재산도 어휘력도 아니다.

45

빠르게 목욕하는 사람을 보면 목욕을 잘못한다고 말하지 말고 사실 그대로 목욕을 빨리 한다고 말하라. 술을 많이 마시는 사람을 보면 술을 잘못 마신다고 말하지 말고 사실 그대로 술을 많이 마신다고 말하라. 그렇게 행동하는 이유를 알지도 못하면서 그들의 행동이 나쁜지 아닌지 어떻게 알 수 있겠는가. 어떤 상황에 대한 의심할 여지없는 인상[36]을 확실하지 않은 어떤 것의 승인[37]과 연결 짓지 마라.

---

36 사물을 있는 그대로 자명하게 재현하는 감각 경험이나 생각을 가리킨다.

37 헬라어 신카타테시스synkatathesis의 번역. 인상의 참과 가치를 인정하거나 부정할 뿐만 아니라 그에 상응하는 동기나 충동까지 발생시키는 정신 능력을 가리킨다. 키케로의 『운명에 관하여De fato』를 비롯한 스토아 철학서에서는 승인을 인간 행위의 "주요 원인", 행위 능력과 자율성의 중심이라고 말한다.

보통 사람들과 함께 있을 때 자신이 철학자라고 밝
히거나 자신의 철학적 원리에 대해 많이 말하지 마
라. 그저 너의 철학적 원리가 지시하는 대로 하라. 예
를 들어 만찬에 참석했으면 식사 예절에 대해 논하지
말고 그냥 맛있게 먹어라. 소크라테스는 철학자를 소
개시켜 달라는 부탁을 받으면 자신이 인정받지 못하
고 있다는 사실을 언짢아하기는커녕 오히려 철학자
들에게 데려다줄 정도로 과시욕이 없었음을 기억하
라. 대화가 철학적 핵심에 이르면 대체로 침묵을 지
켜라. 충분히 소화하지도 못한 것을 곧바로 토해낼
위험이 다분하기 때문이다. 사람들이 너의 침묵을 무
지로 해석하는데도 아무런 반응을 하지 않을 때 진
정으로 철학에 들어서기 시작한 것이다. 양들은 양치
기에게 사료를 가져와 자신들이 얼마나 먹었는지 보

여주지 않는다. 양들은 몸 안에서 사료를 소화해서는 양털과 젖을 만들어 내보낸다. 그러니 보통 사람들에게 너의 철학적 원리를 보란 듯이 내보이지 말고, 그 원리를 소화했을 때 나오는 행위를 보여주어라.

네 몸이 소박한 식사에 익숙해졌다고 해서 이를 자랑하지 마라. 네가 물만 마시고 지낸다고 해서 이를 계속 떠벌리지 마라. 지구력 훈련을 한다면 세상 사람들에게 보여주기 위해서가 아니라 너 자신을 위해 하라. 옥외에서 조각상을 껴안고 있는 모습[38]을 남에게 보이지 마라. 너무 목이 마르면 찬물을 입에 머금었다 뱉되 아무 말도 하지 마라.

---

[38] 에픽테토스는 키니코스학파의 사람들이 강인함을 보여주기 위해 추운 날에 벌거벗고 조각상을 껴안는 행위를 비판하고 있다.

48

보통 사람들의 특징은 자신이 아니라 자신의 바깥에 있는 것에서 이익이나 손해를 구한다는 것이다. 철학자들의 특징은 이익과 손해를 자신에게서 찾는다는 것이다.

발전하는 사람은 누구에 대해서도 나쁘게 말하지 않는다. 누구에 대한 칭찬도 하지 않는다. 누구의 탓도 하지 않는다. 누구도 비난하지 않는다. 자신이 대단한 사람이라거나 대단한 무언가를 알고 있음을 과시하는 어떤 말도 하지 않는다. 그는 좌절하거나 방해를 받을 때 항상 자신을 탓한다. 그는 자신을 칭찬하는 사람을 마음속으로 비웃는다. 그는 비난을 받아도 변명하지 않는다. 그는 다친 팔다리가 충분히 회복되기 전에 다시 다치는 일이 없도록 조심하는 환자처럼 행동한다. 모든 욕망을 물리치고 혐오는 우리에게 달려있는 것 가운데 본래 우리 마음에 들지 않는 것 쪽으로 향하게 한다. 그는 모든 일에 느긋하다. 그는 모자라거나 무지하게 보이는 것에 개의치 않는다. 한 마디로, 그는 자기 자신을 마치 암습을 계획하고 있는 적인 양 경계한다.

49

크리시포스^{Chrysippus}39의 책을 이해하고 설명할 수 있다고 자랑하는 사람을 보면 너 자신에게 말하라. "만일 크리시포스가 사람들이 이해하기 힘든 책을 쓰지 않았더라면 그들은 자랑할 게 전혀 없을 텐데."

나는 무엇을 원하는가? 자연을 이해하고 자연의 인도를 따르기를 원한다. 그리하여 자연을 해석해줄 사람을 찾다가 크리시포스가 그렇게 할 수 있는 사람이라는 말을 듣자마자 그의 책을 붙잡고 매달린다. 하지만 그의 말을 이해할 수 없어서 **그 책**을 해석해줄 사람을 구한다. 여기까지 내가 자랑할 것은 아무것도 없다. 해석자를 찾았다고 해도 여전히 남아있

---

39 기원전 3세기 아테네 스토아학파의 세 번째 수장으로서 스토아철학에 대한 권위 있는 저술을 가장 많이 남겼다.

는 일이 있다. 바로 가르침을 실천으로 옮기는 것이다 ─ 이야말로 내가 자랑할 유일한 일이다. 그런데 해석 행위만이 내게 영향을 주었다면, 호메로스가 아니라 크리시포스를 해석하고 있다는 사실만 다를 뿐 결국 나는 철학자가 아니라 문학자일 뿐이다. 그러므로 크리시포스의 책들을 설명해달라는 부탁을 받으면, 나는 자부심은커녕 그의 말들에 어울릴 행위를 보여줄 수 없는 무능함에 얼굴이 붉어진다.

50

절대로 위반하면 안 되는 법인 양 네가 세운 모든 계획을 지켜라. 그리고 사람들이 너에 대해 뭐라고 말하든 무시하라. 이는 네게 속한 것이 아니기 때문이다.

자신을 가장 가치 있게 여기고 모든 일에서 이성을 결정적 원리로 삼는 일을 언제까지 미뤄둘 생각인가? 너는 반드시 동의해야 하는 원리를 알게 되었고 그 원리에 동의도 했다. 그런데도 너를 개선시켜줄 선생을 여전히 기다리고 있는가? 너는 더 이상 소년이 아니고 이미 다 자란 성인이다. 나태와 태만 속에서 미적대며 자기 통제를 항상 내일로 미룬다면, 너는 자신이 아무런 발전 없이 죽을 때까지 보통 사람으로 삶을 소비할 뿐이라는 사실을 결코 깨닫지 못할 것이다. 그러니 지금 당장, 너 자신을 나날이 발전하는 성인으로 여기고 네가 최선이라고 생각하는 것을 결코 위반해서는 안 되는 규칙으로 삼아라. 그리고 네가 만나는 대상이 고통스러운 것이건 즐거운 것이건 인기 있는 것이건 인기 없는 것이건 간에 **지금**

은 경쟁 중이고, 여기는 올림피아 경기장이고, 더 이상 미루어서는 안 되며, 네 개선의 성공과 실패는 단 하루, 단 하나의 행위에 달려있음을 기억하라. 소크라테스는 살면서 만나는 모든 일에서 오로지 이성에만 주의함으로써 자신을 완성했다. 너 자신도, 아직 소크라테스는 아니지만, 소크라테스가 되고자 하는 사람으로 살아야 한다.

철학에서 가장 중요하고 가장 필요한 영역은 원칙(예를 들면, 거짓을 말하지 마라)의 적용이다. 두 번째 영역은 원칙을 뒷받침하는 증거(예를 들면, 거짓을 말해서는 안 된다는 원칙의 근거들)를 다룬다. 세 번째 영역은 증거를 확인하고 분석한다(이를테면 무엇이 어떤 것을 증거로 만드는가, 증거란 무엇인가, 타당성, 모순, 진실과 거짓은 무엇인가 등에 대한 탐구). 그러므로 세 번째 영역은 두 번째 영역을 위해 필요하고, 두 번째 영역은 첫 번째 영역을 위해 필요하다. 이중 우리가 늘 머물러야 하는 가장 필수적인 것은 첫 번째 영역이다. 그런데 우리는 세 번째 영역에 시간을 낭비한다. 첫 번째 영역을 완전히 무시한 채 세 번째 영역에 모든 열정을 쏟는다. 그 결과 우리는 내놓아서는 안 되는 증거들을 내놓을 준비를 한 채 거짓말을 한다.

어떤 경우에든 자신에게 말해줄 수 있도록 아래의
인용문들을 기억해두어라.

제우스여, 당신, 운명의 신이시여, 나를 이끄소서,
당신이 정해 주신 어디로든.
무엇에도 굴하지 않고 따르겠나이다. 형편이 어려
워져
거부해야 한다 해도, 따르겠나이다.[40]

기품을 잃지 않고 필연에 순응하는 자, 그 누구든
우리에게는 현자이자 신적인 것을 아는 자이니.[41]

---

[40]   스토아 철학자인 클레안테스Cleanthes의 시구 4행.

[41]   지금은 남아있지 않은 비극작가 에우리피데스Euripides의 희곡에서 2행.

크리톤^{Crito}이여, 나의 죽음이 신들을 기쁘게 한다면, 죽게 내버려 두게.[42]

아니토스^{Anytus}와 멜레토스^{Meletus}[아테네에서 소크라테스를 고발한 자들]는

나를 죽일 수는 있되, 해를 입힐 수는 없다네.[43]

---

[42] 『크리톤』 43d에서 소크라테스의 말.

[43] 『변론』 30c에서 소크라테스의 말.

Ⅱ. 대화록

『대화록』에 대하여

에픽테토스의『대화록』은 네 권만이 남아있는데, 본서에 실린 글은 그 가운데 세 권에서 발췌한 아홉 편의 글을 번역한 것이다. 네 권은 총 백여 개에 이르는 장으로 구성되어 있으며 각 장의 길이는 오늘날의 판형으로 약 20쪽에서 한 쪽 미만까지 다양하다. 이 가운데 가장 긴 장은 본서에서는 3번과 4번으로 나뉘어 있지만 원래는「자유에 관하여」라는 제목을 가진 한 편의 글이다. 이 제목은 아리아누스나 후대의 편집자가 붙였을 것으로 추정된다. 자유는『엥케이리디온』에서와 마찬가지로『대화록』에서도 자주 등장하는 주제이다. 나는 에픽테토스가 자신이 좋아하는 자유라는 주제를 다양한 방식으로 다루고 있음을 보여주기 위해 발췌문마다 제목을 붙였다.

이 선집을 만들면서 내가 정한 목표는 두 가지였

다. 첫째, 『엥케이리디온』을 보완하는 철학적 내용을 추가하는 것. 둘째, 독자들에게 에픽테토스의 대화체를 맛보게 하는 것. 에픽테토스의 사상을 더 깊이 음미하려면 『대화록』까지 읽어야 한다. 하지만 아리아누스는 『엥케이리디온』만 읽어도 될 만큼 『대화록』의 핵심 내용을 아주 잘 추려냈다. 이 책은 어디든 가볍게 들고 다닐 수 있을 만큼 아담한 크기이지만, 독자 여러분도 나처럼 이 책의 직설적 메시지에서 자극과 격려, 나아가 위로까지 받게 될 것이다.

1. 모든 것이 일어나게 되어있는 대로
일어나기를 바라는 법을 배우기

배우는 사람은 다음과 같은 목표를 갖고 배움에 다가가야 한다.

어떻게 해야 모든 일에서 신들을 따를 수 있는가, 어떻게 해야 신들의 주재에 만족할 수 있는가, 어떻게 해야 자유로워질 수 있는가?

어떤 일도 너의 의지와 충돌하지 않고 누구도 너를 방해할 수 없으면, 너는 자유로운 것이다.

자유가 광기라는 말씀입니까?

천만에, 자유와 광기는 함께 갈 수 없다.

정신 나간 소리처럼 들리겠지만, 저는 제 소원이 모두 이루어졌으면 하고 바랍니다.

정말로 정신이 나갔군. 자유[1]가 얼마나 좋은지 모르는가? 모든 일이 네가 원하는 대로 되었으면 하고 요행을 바라는 것은 좋음과는 정반대이다. 그야말로 부끄러운 일이지. 문자를 예로 들어보자. '디오Dio'라는 이름을 자기가 쓰고 싶은 대로 써도 될까? 아니, 나는 정해진 규칙에 맞춰 써야 한다고 배웠다. 음악의 경우는 어떨까? 똑같다. 전문적 기술이나 지식이 필요한 경우에도 마찬가지다. 지식이라는 것이 사람들이 그때그때 바라는 바에 따라 달라지는 것이라면, 뭘 배우든 아무 소용이 없을 것이다.

하지만 자유가 가장 위대하고 가장 중요한 것이라면 모든 일이 제가 원하는 대로 되기를 바랄 수 있

---

1   헬라어 엘레우테리아eleutheria의 번역. 엘레우테리아는 일반적인 의미의 자유를 가리킨다. 그런데 엘레우테리아를 옮긴 라틴어 리베르타스libertas는 노예가 아니라 자유로운 인간의 신분이라는 의미가 강했다. 이런 모호성을 이용해 에픽테토스는 스토아철학을 현실의 노예제도로부터의 해방인 것처럼 이야기하고 스토아철학의 훈련을 받지 않는 상태에서의 현실의 자유는 정념과 거짓 믿음에 예속된 노예 상태로 취급한다.

는 게 아닐까요?

절대 아니다! 교육은 모든 일이 일어나게 되어있는 대로 일어나기를 바라는 것을 배우는 과정이다. 모든 일이 어떻게 일어나는가? 모든 일을 계획한 존재가 정해놓은 대로 일어난다. 그는 우주의 조화[2]를 위해 여름과 겨울, 풍요와 결핍, 미덕과 악덕 등의 대립물을 마련해놓았다. 그리고 우리 각자에게 몸통, 팔다리, 재산, 동료를 주었다.

그러니 교육은 상황을 바꾸는 것이 아니라(왜냐하면 그런 변경은 우리에게 주어져 있지도 않고, 더 좋지도 않을 것이기에) 주위 사물을 있는 그대로, 본성 그대로 두면서 우리의 정신이 일어나는 일과 조화되게 하는 방향으로 나아가야 한다.

---

2   헬라어 심포니아symphonia의 번역. 스토아 철학자들은 음악을 모델로 삼아 우주의 통일적 구조를 설명하기를 좋아한다. 대립물의 통일은 피타고라스와 헤라클레이토스 같은 초기 그리스 철학자들이 주장했던 개념이다.

사람들을 피해 사는 것이 가능할까요?

그런 일이 어떻게 가능하겠는가?

그렇다면 사람들과 함께 살면서 그들을 바꾸어나 갈 수 있을까요?

우리에게 그런 선택권이 있을까?

그러면 다른 사람들을 상대하는 다른 능력이 있습 니까?

자연과 조화를 이루면서 자신에게 좋아 보이는 것 을 할 수 있는 능력이 있다. 그런 능력이 있는데도 너 는 불행하고 불만에 차 있다. 너는 혼자 있는 것을 고 립으로 여기면서도 막상 남들과 함께 있으면 그들을 모리배, 강도로 생각한다. 부모, 자식, 형제, 이웃에 대 해서도 불평을 늘어놓는다. 그래서는 안 된다. 혼자 있는 것을 평화와 자유라고 생각하고 자신을 신들과 비슷한 존재로 생각해야 한다. 다른 사람들을 어중이 떠중이나 무작스러운 것들이라고 생각해서는 안 되고, 남들과 함께 있는 상황을 잔치나 축제로 여기고 모든 것을 즐겁게 받아들여야 한다.

그렇게 하지 않으면 어떤 벌을 받게 됩니까?

지금 그대로 있는 것.

혼자인 것을 안 좋아하는 사람은 어떻게 하나요?

혼자 있어 보게 해.

자기 부모를 안 좋아하는 사람은요?

계속 불평이나 하는 못된 자식으로 살라고 해.

자기 자식을 안 좋아하는 사람은요?

나쁜 부모로 살라고 해.

결국 감옥에서 살라는 말씀이군요!

감옥? 하기야 그가 지금 있는 곳을 가리켜 감옥이라고 한다면 그도 맞는 말이지. 왜냐하면 그는 자신의 의지를 거슬러 거기에 있는데, 자신의 의지에 반해 있는 곳이 곧 감옥이니까. 이런 의미에서 본다면 소크라테스는 자신의 의지로 감옥에 들어갔으니 사실 감옥에 있지 않았다고 할 수 있다.

2. 감정적 고통으로부터의 자유

이 [스토아적] 원리를 통해 우리가 무엇을 얻을 수 있습니까?

참된 교육을 받는 사람들 앞에 놓여있는 가장 멋지고 가장 적합한 결과인 마음의 평정, 두려움 없음, 자유를 얻는다. 자유로운 사람들만이 교육을 받을 수 있다고 말하는 자들이 많은데, 그들의 말을 믿어서는 안 되며 교육받은 사람만이 자유롭다는 철학자들의 말을 믿어야 한다.

무슨 뜻입니까?

스스로에게 물어봐. 원하는 대로 살 수만 있다면 자유로운 것일까?

아닙니다.

그렇다면 잘못 살기를 원하나?

원치 않습니다.

좋아. 잘못 사는 사람은 그 누구도 자유롭지 않다. 너는 두려움, 슬픔, 혼란 속에 살기를 원하는가?

전혀 원하지 않습니다.

두려워하거나 슬퍼하거나 혼란스러워하는 사람은 결코 자유롭지 않다. 그렇기 때문에 슬픔, 두려움, 혼란에서 벗어난 사람은 노예 상태에서 벗어났다고 할 수 있다.

3. 비굴함으로부터의 자유

자유가 위대하고 고귀하고 가치 있는 것이라고 생각하는가?

물론입니다.

그처럼 위대하고 가치 있고 고귀한 것을 얻을 수만 있다면, 굴종도 감수할 수 있겠는가?

아닙니다.

그렇다면 어떤 사람이 밥 한 끼 때문이든 총독이나 집정관 자리 때문이든 마음에도 없이 누군가에게 굽실거리거나 아첨한다면, 그는 자유롭지 않다고 할 수 있다. 사소한 것을 위해 굽실거리거나 아첨하는 사람들은 소노小奴, 큰 것을 위해 그렇게 하는 사람들은 대노大奴라 할 수 있다.

맞는 말씀입니다.

온전히 너의 능력으로 결정하는 것이 자유라고 생각하는가?

물론입니다.

그렇다면 방해하고 강제할 힘을 가진 타인이 있는 한, 분명 그 누구도 자유롭지 않다고 할 수 있다. 족보 같은 것은 고려하지 마라. 누가 그를 샀고 그가 누구에게 팔렸는지도 고려하지 마라. 마음에서부터 우러나온 소리로 "네, 각하"라고 말하는 사람이 있거든, 설사 그 말을 하는 사람이 수행원을 앞세운 집정관이라 해도 그를 노예라고 생각하라. "나는 어떻게 살라고"라며 울부짖는 사람을 있거든 그를 노예라고 생각하라. 통곡하고 불평하고 불행해하는 사람이 있거든 그를 관복 입은 노예라고 생각하라. 비록 이런 행위들을 전혀 하지 않는다 해도 곧바로 그 사람을 자유롭다고 생각하지 말고, 그가 내린 판단들을 따져보고 그가 어떤 식으로건 강제나 방해 혹은 불행 속에 있는지 알아보라. 만일 무엇이든 그런 것이 있다고 확인되면, 사투르날리아[3] 시기에 주인이 집을 떠나 있는 동안 휴식을 즐기고 있는 노예라고 생각하라. 주인은 곧 돌아올 것이고, 그러면 너는 이 사람이 겪는 고통의 실상을 여실히 알게 될 것이다.

어떤 사람이 주인입니까?

어떤 사람이 원하는 것을 가져다주거나 가져가 버릴 권한이 있는 사람이라면 누구든 주인이다.

그렇다면 우리에게는 무척 많은 주인이 있겠네요?

물론이지! 사람인 주인에 앞서 상황이라는 형태로

---

3 매년 12월에 벌어졌던 축제로 이 날 하루 동안 로마의 노예들은 주인들에게 무례하게 굴기도 하고 식사 시중을 받기도 하는 등 완전한 자유를 누렸다.

등장하는 주인도 있는데, 대단히 많다. 그러므로 우리의 상황에 영향을 미칠 수 있는 권한이 있는 사람이라면 누구나 우리의 주인이다. 너도 알다시피 사람들이 두려워하는 대상은 로마 황제 자체가 아니라 죽음, 추방, 재산 몰수, 감옥, 시민권 상실이다. 마찬가지로 로마 황제가 뛰어난 인물이 아니라면 누구도 로마 황제를 사랑하지 않을 것이다. 우리가 사랑하는 것은 많은 재산, 국가 기관과 군대에서의 높은 지위이다. 우리가 이를 사랑하고 싫어하고 두려워하는 한, 그에 대한 권한을 가진 사람들이 곧 우리의 주인이다.

4. 방해받지 않고 승인할 자유

어떤 사람이 다른 사람들에게 달려있는 것을 욕구하면서 아무 방해도 받지 않을 수 있을까?

그럴 수 없습니다.

그러면 그 다른 사람들은 무엇에도 속박되지 않을 수 있을까?

그럴 수 없습니다.

그러니 그들 역시 자유로울 수 없어. 생각해봐. 우리에게 달려있는 것은 하나도 없는가, 아니면 모든 것이 우리에게 달려있는가, 아니면 어떤 것은 우리에게 달려있고 어떤 것은 다른 사람에게 달려있는가?

무슨 말씀이신지?

완전히 건강한 신체는 너에게 달려있을까 달려있지 않을까?

제게 달려있지 않습니다.

건강은?

그 역시 제게 달려있지 않습니다.

비율이 좋은 멋진 몸은?

역시 제게 달려있지 않습니다.

삶이나 죽음은?

역시 아닙니다.

그러므로 너의 몸은 네가 마음대로 할 수 있는 것이 아니야. 너의 몸은 그보다 더 강한 것에 달려있어.

분명한 사실입니다.

그렇다면 네가 원할 때 언제나 네가 원하는 조건으로 원하는 기간 동안 땅을 소유하는 것이 네게 달려 있는가?

아닙니다.

노예, 옷, 집, 말의 경우도 그러한가?

네. 그 역시 제게 달려있지 않습니다.

너의 자식, 아내, 형제, 친구들이 죽지 않고 계속 사는 것이 네게 달려있는가?

아닙니다.

그렇다면 자신이 결정하는 것, 즉 네게 달려있는 것이 있는가 아니면 없는가?

잘 모르겠습니다.

그럼, 이렇게 생각해보세. 누군가가 너로 하여금

참되지 않은 무언가를 승인하게 할 수 있을까?

누구도 그럴 수 없습니다.

그러니까 너는 승인의 영역에서는 방해나 속박을 받지 않아.

그렇습니다.

그렇다면 누군가가 너로 하여금 네가 원치 않는 것을 좋아하도록 강요할 수 있을까?

그럴 수 있습니다. 죽이겠다거나 감옥에 가둬버리겠다는 위협을 하며 강요할 수 있습니다.

하지만 네가 죽음이나 감옥을 고려할 가치도 없는 것으로 여긴다면, 그래도 너는 여전히 죽음이나 감옥에 신경을 쓸까?

아닙니다.

그렇다면 죽음을 고려할 가치가 없다고 보는 것은 너의 작용인가 아니면 네게 속하지 않은 것인가?

저의 작용입니다.

그렇다면 어떤 동기를 갖는 일은 너의 작용인가 아닌가?

저의 작용입니다.

어떤 것에 대한 혐오는? 그 또한 너의 작용이지.

산보를 하고 싶은데 누군가가 막는다면요?

너의 무엇을 막지? 네가 그 일을 승인하지 않는 것은 분명하고?

분명합니다. 그리고 누군가가 막는 것은 나의 하찮은 육신입니다.

그래. 사람들이 돌을 막듯이.

어쨌든 제가 산보를 못하는 것만은 분명합니다.

나는 "방해받지 않고 걷는 것은 너의 작용"이라고 말한 적이 없어. 방해받지 않는 것은 동기뿐이라고만 말했지. 몸이 필요하거나 몸의 협력이 필요한 일의 경우에는 네 것이라고 할 만한 요소가 전혀 없다고 예전에 말한 적이 있는데.

그렇게 말씀하셨습니다.

네가 원치 않는 뭔가를 욕구하도록 누군가가 강제할 수 있을까?

아니요. 그럴 수 없습니다.

누군가가 너의 의도와 계획을 강제할 수 있을까? 더 일반적으로 말하자면, 네가 인상을 다루는 방식을 누군가가 조작할 수 있을까?

그럴 수는 없습니다. 하지만 내가 욕망하는 것을

얻지 못하게 할 수는 있을 겁니다.

만일 네 것이면서 누구도 방해할 수 없는 것을 욕망해도 그들이 너를 막을 수 있을까?

결코 그럴 수 없습니다.

그렇다면 네 것이 아닌 것을 욕망하는 한 너는 방해로부터 자유로울 수 없어.

그렇다면 저는 건강을 바라서는 안 됩니까?

물론 안 된다. 자신의 것이 아닌 무엇도 바라서는 안 된다. 왜냐하면 원하는 무언가를 얻는 일이 네게 달려있지 않다면 그 무엇도 네 것이 아니기 때문이다. 그런 것으로부터는 멀리 떨어져 있어야 한다. 하지만 욕망 자체를 멀리하는 것이 더 중요하다. 그렇지 않고 자기 것이 아닌 것을 좋아하면서 남들에게 달려있는 것을 원하는 한, 스스로 노예가 되어 자신의 목을 멍에에 내어주고 말 것이다.

그래도 저의 손은 저의 것이지 않습니까?

맞아. 그것은 너의 일부이다. 하지만 그것은 본질적으로 방해와 강제에 종속되어있는 흙일 뿐이고 더 강한 것들의 노예이다. 손에만 해당되는 이야기가 아니다. 가능한 한 너의 몸을 제 힘에 부치는 짐을 진 당나귀처럼 생각하라. 당나귀가 징발되어 군인의 손에 들어가더라도, 저항하거나 불평하지 말고 그냥 받아들여야 한다. 안 그러면 너는 매질을 당할 것이고 당나귀를 잃을 것이다. 이것이 네가 몸에 대해 가져야 하는 태도이다. 그렇다면 몸 때문에 추구하는 것들은 어떻게 해야 할까. 만약 네 몸이 당나귀라면 몸 때문에 추구하는 것들은 굴레, 안장, 편자, 보리, 건초일 것이다. 그에 대해서도 신경 쓰지 말아야 한다. 당나귀에 신경 쓰지 않는 것보다도 더 빨리, 더 가볍게 무시해버려야 한다.

5. 원하는 것을 알기

　세상의 모든 것은 손상되고 소멸되기 마련이다. 그 중 일부와 조금이라도 이어져 있는 한, 너는 고통과 좌절을 겪을 수밖에 없고 불안과 번뇌에 시달릴 수밖에 없다. 너에게는 실현되지 않은 욕망과 흘러넘칠 정도로 실현된 혐오만이 있을 것이다. 그렇다면 우리에게 주어진 유일한 안전책을 택해야 하지 않겠는가? 노예적이고 소멸할 수밖에 없는 것은 버리고 본래 자유로우면서 불멸하는 것을 추구해야 하지 않겠는가? 앞서 말했듯이, 해와 득은 판단에서 비롯될 뿐 세상 그 누구도 다른 사람에게 해와 득을 제공하지 않는다. 손해와 파멸을 가져오는 것은 판단이다. 판단은 전투이고 투쟁이고 전쟁이다.

　에테오클레스와 폴리네이케스를 서로 화해할 수 없는 적으로 만든 원인은 왕위와 추방에 대한 그들의 판단이었다. 그들은 추방을 나쁜 것 중에서 가장 나쁜 것으로 판단했고 왕위를 좋은 것 중에서 가장 좋은 것으로 생각했다. 좋음을 추구하고 나쁨을 피하며 좋음을 빼앗아가는 사람은 비록 형제, 아들, 아버지라 해도 적으로 여기고 나쁨을 가지고 괴롭히는 사람은 음모가로 생각하는 것이 인간의 본성이다. 왜냐하면 좋음만큼 우리와 가까운 관계에 있는 것은 아무것도 없기 때문이다.

왕위는 좋고 추방은 나쁘다면 아버지는 아들에게 소중한 존재가 아니고 형이나 동생도 서로에게 소중한 존재가 아니며 세상은 적, 음모가, 밀고자로 가득할 것이다. 하지만 옳은 의지만이 좋고 그릇된 의지만이 나쁘다면 서로 싸우고 해칠 일이 어디 있겠는가? 무엇을 두고 싸우고 해치겠는가? 우리에게 아무것도 아닌 것들을 두고? 누구를 상대로 싸우고 해치겠는가? 무지한 자들이나 불운한 자들 또는 무엇이 가장 중요한지 잘못 알고 있는 자들을 상대로?

6. 의지의 자유

이보게, 친구. 자네에게는 본성상 방해나 속박을 받지 않는 의지가 있다네 (…) 일단 승인을 가지고 그것을 증명해 보이겠네. 자네가 진리를 승인하는 것을 누가 막을 수 있을까?

막을 수 없네.

누구든 간에 자네가 거짓을 승인하도록 강제할 수 있을까?

그럴 수 없네.

그렇다면 승인의 경우에 자네에게는 방해되거나 속박당하거나 저지당하지 않는 의지가 있다는 사실을 알 수 있겠지? 그렇다면 욕망과 동기는 어떠한가? 어떤 동기를 이길 수 있는 게 다른 동기 말고 뭐가 있을까?

누군가가 나를 죽이겠다고 하면, 나는 그의 말을 따를 수밖에 없지 않을까?

자네가 그의 말을 따를 수밖에 없도록 만드는 것은 그의 위협이 아니라 죽음보다는 그의 말을 따르는 것이 낫다는 자네의 결정이라네. 다시 한번 말하지만, 자네를 그렇게 하도록 강제한 것은 자네의 판단이야. 달리 말하면 의지가 의지를 강제한 것이지. 우리가 가진 특별한 부분은 신께서 주신 것인데 그분이 우리에게 자신의 일부를 주면서 그분 자신이나 그밖에 뭔가에 의해 방해되거나 속박되도록 만들었다면, 그분은 신이 아니든가 우리를 돌봐야 하는 신의 의무를 다하지 않은 거야. 만일 결정을 자네가 하면, 자네는 자유롭네. 결정을 자네가 하면 자네는 누구 탓도 하지 않을 것이고, 누구도 비난하지 않을 것이고, 모든 것은 자네의 판단과 신의 판단 둘 모두와 합치될 것이네.

7. 인상의 올바른 사용

우리는 본질적으로 이성적 존재에게만 있는 많은 속성을 갖고 있다. 그러나 앞으로의 대화를 통해 알게 되듯이, 우리에게는 이성이 없는 동물이 갖고 있는 많은 능력도 있다.

이성이 없는 동물도 일어나는 일에 주의를 기울일 수 있습니까?

결코 그럴 수 없다. '사용'과 '주의'는 전혀 다르다. 다른 동물들은 인상을 사용하는 존재로서 신께 필요했지만 우리 인간이라는 동물만은 인상을 어떻게 사용해야 할지 주의하는 존재로서 신께 필요했다. 그러므로 다른 동물들은 먹고 마시고 잠자고 교미하고 그 밖의 각종 동물이 하는 다른 모든 것을 하는 것만으로 충분하다. 하지만 신께 주의 능력⁴을 부여받은 우리 인간은 동물적 활동만으로는 충분하지 않다. 개인의 본성과 성향에 맞춰 적절하고 체계적으로 행위하지 않으면, 우리는 목적을 달성하지 못할 것이다.

성향이 다른 존재는 기능과 목적도 다르다. 성향을 이용만 하도록 만들어진 존재라면 성향을 이용하는 것만으로 충분하다. 그러나 주의 능력까지 있는 존재는 그 능력을 제대로 발휘하지 않으면 결코 자신의 목적을 이루지 못한다.

선생님께서 결론적으로 하시고자 하는 말씀이 무엇입니까?

신은 각기 다른 동물들을 식용으로 혹은 농사일을 돕거나 치즈를 생산하는 등의 용도로 쓰이게 만들었

---

4 헬라어 파라콜로우테시스parakolouthēsis의 번역. 인상을 검토하고 해석하는 능력을 말한다.

다. 이러한 기능을 수행하는 데 인상에 주의하고 인상을 구별하는 능력이 무슨 필요가 있겠는가? 이와 달리 신은 인간을 자신과 자신이 지은 책을 공부하는 학생이자 그 해석자가 되도록 만들었다. 그러므로 우리가 비이성적 동물이 행하는 데서 시작하고 끝나는 것은 잘못이다. 우리는 비이성적 동물들이 행하는 데서 시작하되 우리의 본성이 추구하는 데서 끝나야 한다. 우리의 본성이 추구하는 것은 사물들을, 그리고 우리의 본성과 합치되는 삶의 길을 공부하고 주의를 기울이는 것이다. 그러니 반드시 죽을 때까지 이를 공부하도록 하라.

8. 자유와 인간의 본성

다른 모든 피조물에게는 온 세계를 지배하는 신의
통치에 주의를 기울일 능력이 주어지지 않았다. 그러
나 이성적 동물은 이 모든 것에 대해 판단할 능력을
갖고 있다. 또한 자신들이 세계의 일부, 그것도 특별
한 일부이며 전체가 부분에 앞선다고 추론할 능력도
갖고 있다. 게다가 고귀하고 고결하고 자유로운 본성
을 갖고 있기에, 자신에게 달려있는 것과 다른 데 달
려있는 것이 공존하는 세계에 살고 있다는 사실도 알
고 있다. 자신에게 달려있는 것들은 의지의 영역에
속하는 반면 그 이외의 것은 방해를 받기 쉽다. 따라
서 방해받지 않고 자신에게 달려있는 것에 한해서만
좋음과 이익을 추구하는 한, 이성적 동물은 자유롭고
만족하며 행복하고 아무런 해도 입지 않고 고결하고
경건하고 모든 일에 대해 신께 감사하고 일어난 어떤

일에 대해서건 비난이나 누구 탓 하지 않는다. 반면 자신의 좋음과 이익을 의지의 영역 밖에 있는 외적인 것과 동일시하는 한, 그들은 방해받고 좌절하고 자신들이 찬미하거나 두려워하는 것들에 대해 권한을 갖고 있는 사람에게 종속될 수밖에 없다. 또한 이런 자들은 신이 자신에게 악의를 갖고 있다고 생각하기 때문에 완전히 불경스러울 수밖에 없고, 언제나 자신을 위해 더 많은 것을 챙기기 때문에 불공정할 수밖에 없다. 그리고 자기 존중과 관대함도 없을 수밖에 없다.

이러한 진실을 이해했다면 무엇이 너의 자유롭고 편안한 삶을 가로막을 수 있겠는가? 일어날 수 있는 일은 모두 담담하게 받아들이고 이미 일어난 일은 그냥 견디는 태도를 그 무엇이 방해할 수 있겠는가?

넌 내가 가난하게 살기를 바래?

한번 가난하게 살아봐. 그러면 좋은 배우가 가난한

사람 역을 할 때 드러나는 가난한 삶의 진정한 모습
이 어떤지 깨닫게 될 거야.

넌 내가 관직에 오르기를 바래?

그래, 한번 해봐.

내가 관직을 그만두었으면 좋겠어?

그렇게 해봐.

내가 고통을 견뎠으면 좋겠어?

그것도 해봐.

추방시키겠다고?

그래, 추방해봐. 어디든 좋아. 나는 이미 여기서 좋
았으니까. 장소 때문이 아니라 내가 지키는 원칙의
결과로 좋았던 것이고, 나는 앞으로도 그 원칙을 계
속 견지할 테니까 말이야. 누구도 내게서 그 원칙을

빼앗아갈 수는 없어. 그것들은 오직 나만의 것이야. 내가 어디에 있든, 무엇을 하든 나한테서 떼어낼 수 없는 것이야.

그런데 죽을 시간이 다 되었다면?

왜 "죽는다"고 말하는가? 그것을 비극적인 사건으로 만들지 마라. 다음과 같이, 있는 그대로 말하라. "너를 이루고 있는 재료가 원천 회귀[5]할 시간이야." 보라, 여기에 무슨 끔찍함이 있는가? 그 일로 세계가 잃는 것이 무엇이 있는가? 들어본 적도 없는 굉장하고 이상한 일이라도 일어나는가? 고작 이런 것을 가지고 폭군이 우리를 두려움에 떨게 한단 말인가? 호위병들의 검이 길고 날카롭게 느껴지는 이유가 고작이런 것 때문이라는 말인가? 이 모든 것을 살펴보고

---

5 스토아철학에 따르면, 세계는 모든 구성 요소에 대한 해체와 복원을 영원히 동일하게 반복한다.

서, 나는 누구도 나에 대한 권한을 갖고 있지 않다는 사실을 깨달았다. 나는 신에 의해 해방되었고, 신의 명령을 알게 되었다. 나를 노예로 둘 힘을 가진 사람은 아무도 없다. 자유를 가져올 수 있는 힘과 옳은 판단을 내릴 수 있는 힘은 내 안에 있다.

9. 자유와 존엄

네가 어떤 힘을 가졌는지 알았는가! 그렇다면 말하라. "오, 제우스여, 당신이 원하는 어떤 상황이건 가져와 보시오. 내게는 일어나는 일들을 통해 큰일을 할 수 있도록 당신이 준 자질과 능력이 있소." 하지만 너는 무슨 일이 일어날지 두려워 주저앉아 떨고 있고, 실제로 일어나고 있는 일 때문에 울고 통곡하고 신음하고 있다. 그렇다면 너는 신들을 비난하고 있는 것이다. 네가 보여주는 약함은 불경이나 다름없으니 말이다. 그러나 신은 우리에게 일어나는 모든 일을 견딜 수 있는 힘을 주셨다. 또한 신은 마치 훌륭한 왕이나 참된 아버지처럼 우리에게 방해나 구속, 훼방에서 자유로울 수 있는 힘을 주셨다. 신은 그 힘이 전적으로 우리에게 달려있게 만들었다. 그 힘을 방해하거나 저지할 힘을 신 자신에게조차 남겨두지 않았다.

너에게는 자유롭고 전적으로 너에게 속한 이런 힘이 있다. 그렇다면 비탄 속에 신음하는 대신에 그 힘을 이용하고 네가 어떤 재능을 누구에게서 받았는지 알아보는 것이 어떻겠는가?

감사의 말

이 책을 쓴 계기는 프린스턴 대학 출판부의 롭 템피오의 제안 때문이었다. 그는 프린스턴 대학 출판부의 '현대인을 위한 고대의 지혜' 시리즈에 이 책을 추가할 계획을 세웠을 뿐만 아니라 처음부터 끝까지 함께 일하면서 격려와 조언을 아끼지 않았다. 그에게 깊은 감사를 드린다. 또한 정성을 다해 훌륭한 책을 만들어준 맷 로할, 사라 러너, 제이 보기스에게 깊은 감사를 드린다. 『엥케이리디온』의 번역 초고를 읽고 수정한 브래드 인우드와 모니크 일라이어스에게도 진심으로 감사를 드린다. 앤드리아 나이팅게일은 개괄의 초고를 읽고 아낌없이 훌륭한 조언을 해주었다. 출판사의 부탁을 받은 익명의 독자들이 내놓은 제안들도 더 나은 책을 만드는 데 도움을 주었다. 특히 이 책이 송고 정리되는 동안에 세상을 떠난 롭 도빈을 언급하지 않을 수 없다. 내가 버클리대학교에 재직할 때 처음 맡았던 대학원 제자 중 하나였던 롭은 에픽테토스 연구에 뛰어난 저술들을 남겼는데, 나는 이 책을 쓰는 동안 그의 책들을 자주 참고했다.

더할 나위 없는 친구이자 협력자인 데이비드 세들리에게 커다란 애정과 찬사를 보내며 이 책을 바친다.

더 읽을거리

『대화록』의 헬라어 판본

Boter, G. 『The Encheiridion of Epictetus and Its Three Christian Adaptations』. Leiden: Brill, 1999.

Schenkl, H. 『Dissertationes ab Arriano Digestae』. Leipzig: Teubner, 1916.

에픽테토스 완역본

Hard, R. 『Epictetus: Discourses, Fragments, Handbook』, Oxford: Oxford University, Press, 2014.

Oldfather, W. A. 『Epictetus』. 2 vols. including Greek text. Cambridge, Mass.: Harvard University Press, 1925-1928.

『엥케이리디온』의 번역본

Boter, G. 『The Encheiridion of Epictetus and Its Three Christian Adaptations』. Leiden: Brill, 1999.

Dobbin, R. 『Epictetus, Discourses and Selected Writings』. New York: Penguin, 2008.

Gourinat, J.-B. 『Premières leçons sur le Manuel d'Epictète』. Paris: Presses Universitaires de France, 1998.

Hard, R. in C. Gill, ed. 『The Discourses of Epictetus』. Rutland, Vt.: Everyman, 1993.

Higginson T. W. 『Epictetus, The Enchiridion』. Upper Saddle River, N.J.: Library of Liberal Arts, 1948.

Long, G. 『Enchiridion』. Amherst, N.Y.: Prometheus Books, 1991; repr. of nineteenth-century translation.

Oldfather, W. A. 『Epictetus』. Vol. 2. Cambridge, Mass.: Harvard University Press, 1928.

White, N. P. Epictetus, 『The Handbook』.

Indianapolis, Ind.: Hackett, 1983.

스토아주의와 에픽테토스에 관한 연구서

Brandt, U. 『Kommentar zu Epiktets Encheiridion』. Heidelberg: Universitätsverlag Winter, 2015.

Brennan, T., and C. Brittain. 『Simplicius on Epictetus』. "Handbook 27-53." 2 vols. Ithaca, N. Y.: cornell University Press, 2002.

Brennan, T. 『The Stoic Life: Emotions, Duties, Fate』. Oxford: Clarendon Press, 2005.

Dobbin, R. 『Epictetus Discourses Book Ⅰ』. Oxford: Clarendon Press, 1998.

Frede, M. A. 『Free Will: Origins of the Notion in Ancient Thought』. Berkeley: University of California Press, 2011.

Graver, M. R. 『Stoicism and Emotion』. Chicago: University of Chicago Press, 2007.

Inwood, B. 『Ethics and Human Action in Early Stoicism』. Oxford: Clarendon Press, 1985.

Johnson, B. E. 『The Role Ethics of Epictetus: Stoicism in Ordinary Life』. Lanham, Md.: Rowman & Littlefield, 2014.

Long, A. A. 『Hellenistic Philosophy: Stoics, Epicureans, Sceptics』. 2nd ed. Berkeley: University of California Press, 1986.

—. 『Stoic Studies』. Berkeley: University of California Press, 1996.

—. 『Epictetus: A Stoic and Socratic Guide to Life』. Oxford: Clarendon Press, 2002.

—. 『From Epicurus to Epictetus』. Oxford: Clarendon Press, 2006.

Sellars, J. 『Stoicism』. Berkeley: University of California Press, 2006.

Sorabji, R. 『Emotion and Peace of Mind: From Stoic

Agitation to Christian Temptation』. Oxford: Oxford University Press, 2000.

Stephens, W. A. 『Stoic Ethics: Epictetus. Happiness as Freedom』. London: Continuum, 2007.

자유에 대한 연구서

Berlin, I. 「Two Concepts of Liberty」. In M. Sandel, ed., Liberalism and Its Critics. New York: New York University press, 1984, 15-36.

Patterson, O. 『Freedom in the Making of Western Culture』. New York: Harper Collins, 1991.

옮긴이_ **안규남**

한국외국어대학교 영어과를 졸업하고 서울대학교 철학과 박사 과정을 수료했다.『칼 마르크스』『간디 평전』『민주주의의 불만』『왜 우리는 불평등을 감수하는가』『위기의 국가』『인간의 조건』『평등은 없다』등 다수의 책을 번역했으며,『철학 대사전』편찬에도 참여했다.

어떻게 자유로워질 것인가 (보급판)

초판 1쇄 인쇄 2024년 3월 18일 **초판 1쇄 발행** 2024년 3월 22일

엮은이 A. A. 롱 **옮긴이** 안규남
펴낸이 김종길 **펴낸 곳** 글담출판사 **브랜드** 아날로그

기획편집 이경숙·김보라 **마케팅** 성홍진
디자인 손소정 **홍보** 김지수 **관리** 이현정

출판등록 1998년 12월 30일 제2013-000314호
주소 (04029) 서울시 마포구 월드컵로8길 41 (서교동 483-9)
전화 (02) 998-7030 **팩스** (02) 998-7924
페이스북 www.facebook.com/geuldam4u **인스타그램** geuldam
블로그 http://blog.naver.com/geuldam4u

ISBN 979-11-92706-22-1 (04160)
     979-11-87147-61-9 (세트)